THE
Christmas
Bird Search

THE
Christmas Bird Search

A

WINTERY

WORD SEARCH

ACTIVITY

BOOK

FLASH
POINT

Published by Flashpoint™ Books, Seattle
www.flashpointbooks.com

Produced by Girl Friday Productions

Design: Rachel Marek
Development and editorial: Emilie Sandoz-Voyer
Production editorial: Bethany Fred

Image credits: (all credits belong to Shutterstock users): Cover, Anastasia Panfilova (branches); ii, 16, 17, 18, 19, 23, 26, 28, 29, 34, 36, 37, 56, 57, 61, 64, 70, 76, 85, 86, 87, 93, 120–124, anitapol (birds, feathers, nest, birdhouse); cover, iii, iv, 1, 3, 6, 11, 34 ZUBKOVA IULIIA (birds, branches, pine cones); 5, Nicolas Primola (bar-tailed godwit); 11, A_Berillo (map); 15, 56, 65, Spirit Mouse (owls); 25, konopgalen (heron); 29, Sintcova Svetlana (pine siskin); 29, 34, 62, 63, 68, 71, 98, Svitlana Yanyeva (white-winged crossbill, evening grosbeak, rosy finch, hoary redpoll, cardinals, dark-eyed junco, snowy owl, downy woodpecker); 30, Angela Zanin (chickadee); 35, Azurhino (birds feeding); 38, andrey oleynik (ice skates); 42, Maria Stezhko (hummingbird and feeder); 43, Mind Pixell (wheat); 52, AntonGu (map); 52, Alina Briazgunova (woodcock); 56, Gringoann.art (crow); 58, Smirnova Galina (grouse); 66, Goldblum (puffin); 67, Olga Beliaeva (snowy owl); 69, Bonnie Taylor Barry (mourning dove); 83, mimomy (binoculars)

ISBN (paperback): 978-1-959411-34-5

*W*inter brings with it the chill of colder weather but also the warmth of the holidays. We snuggle up, gather together, and find joy close to home.

Turns out this is not unlike some of our feathered friends. While many birds migrate south as the seasons change, some birds stay put—just like us, they snuggle up, gather together, and find food close to home.

Winter, then, becomes an ideal season to watch birds. In fact, with less foliage, fewer species, and food lower to the ground, winter is the best season for beginner birders.

Winter birding brings with it a closer relationship to your resident birds, as well as glimpses of visitors from northern points. Aside from gathering some basic equipment like binoculars, a notebook, a pencil, and a field guide or app, all you need to do is settle in, let your eyes drift over your surroundings, and be patient.

Consider this book your companion as you get cozy within your winter wonderland and get to know your local feathered friends.

How to Use This Book

In these pages, you'll find writing prompts that urge you to slow down, take note, observe, and reflect. You'll also find more than sixty word searches to exercise your brain and increase your bird knowledge. The topics range from bird behaviors to winter weather to birding slang, as well as the birds themselves—from resident winter favorites to visitors from the arctic—that can be observed in cities, backyards, and rural areas throughout North America in wintertime.

Just like when you're searching for birds while bird watching, when you're working on a word search, a big, showy word might jump out at you—or it could take patience and scanning to find one. In both cases, you are pausing to notice, to sit quietly and observe, and to hone your skills.

Alongside the word search puzzles, you'll also find fascinating bird facts and tips for attracting and helping winter birds. At the back of the book, a birding glossary, tracking charts, and helpful resources are included to support your birding journey.

CELEBRATE BIRDS (AND THE HOLIDAYS) TOGETHER

In the spirit of togetherness that the season brings, join with thousands of birders worldwide by participating in a citizen science project like the Christmas Bird Count, Project FeederWatch, or the Great Backyard Bird Count. Read more about these initiatives and how citizen science helps conservation efforts by exploring the links in the Resources section on page 116.

Even before the first frost coats the grass and flurries dance in the air, nature prepares itself for winter: leaves fall, the songbirds' morning chorus has fewer voices, and other animals forage and stock up. How does your area change as the seasons do? What do you notice as fall gives way to winter?

_____

_____

_____

_____

_____

_____

_____

_____

_____

_____

_____

_____

_____

_____

_____

_____

_____

_____

_____

_____

_____

_____

_____

_____

_____

THE CHRISTMAS BIRD SEARCH

_____

_____

_____

_____

_____

_____

_____

_____

_____

_____

_____

_____

_____

_____

_____

_____

_____

_____

ON THE MOVE

Roughly 40 percent of all birds in the world migrate regularly, including almost four thousand species. About four billion birds migrate from Canada into the United States each winter, and many of them migrate at night. Which bird gets the award for far-thest distance traveled in a single flight? It's the bar-tailed godwit, which travels seven thousand miles nonstop from Alaska to New Zealand.

'Tis the Season

```
E V C G E B E O Z Y J T V H C T K S I X
M J L G V U E K I Z O A I L H D J V F X
G W Y R H Q O Q F I W V K M E R U D V E
Y L J I K J C B I T P F X B E S F N G D
C S I C B Y Q Q K Q M Y O X R M P H W S
B H X V M D O W N T I M E N I V E C A P
I G M B C B T A H F B F O X J A H B R T
H X Q B C J H O L I D A Y S C C R W R Y
L U O X T M Q J X O L Q C D X A S I W E
V W V D R M I Y U T E T C D X T J N S A
F Z C Q H M L W G H M C H Y G I Z T S R
V I H R W O U R S F P A B M H O N E T A
N Y K U Z I B Q Z G F O G Z G N T R G R
L N M I I A I F D N X N A K O V Q J G O
H W Y H W O M N A Y J E C Z D I X E W L
L T G S D O C N L W Q M L A N O S A E S
M D P A U S E M Z Y L L O J Y L L O H J
J N S M L C Y G O P X D J D N S Z A U T
I R W T H K D U L V Y Y Y P G F N A F A
A R U F V H F G W Z R L N P C G O U J N
```

WORD LIST

WINTER	CHEER
HOLIDAYS	YEAR
HOLLY JOLLY	VACATION
DOWNTIME	TIME
PAUSE	SEASONAL

Snow Day

```
K H E R U S I E L Z V I J J H G T K D T
U K A S K U Z R V K E K D D G L G V L Z
M Y F T K U X I P S D R E L A X B J G O
Y R L H H Y Z C H A H T D H B K S A F C
I S K Q V V R Z L O U G X E O Z S R O B
G D O D K S Z O T A N T F W I Y K F W I
K B P U N I T C D B W B E J F R E E A V
Q M U G X S O A S K I Y D Q C B P R S R
S K C F Z C G Z Y K N M O L F F F E U J
X V N X O X Y B B H D N A S F A K V H H
I Q F A O Y A Z K K O Z F O L R Z B C S
M U S O R C O U K R X M Y K K E T H K K
I W Y K V P M W O R Y A E K I G I F B L
B F E Z O X H Y F M D Q W P Z L E W Q U
U H W G G P R B N Z I S R X L K U U G J
P Z V P C T Q G Y B W N Y Y B A B W G T
I X T E A L I Z Y F V C K J V E E R R H
Z V B J C D P K O N M K B U W R Q E B L
F L E V H Q G Q Z J R O N J T B P A W O
T A E U N D Q N I J R O C K N Y U S G L
```

WORD LIST

BREAK	HOT COCOA
DAY OFF	CHILLY
LEISURE	STAY HOME
RELAX	UNWIND
MUG	COMFY

Wintery Mix

```
T F O E B S U P G J A C S P C O U B I Z
H I F T W V L B Q H Y Q N N Z E H K P Z
N H R A R S K E H M S V J H O R I J G E
D T E G F D B H E P O F H G G W C Y G S
F G E U R I M F P T O Z K Q J X E C B R
Q S Z X Z O B L H R T H C C R G X V M B
Q V E S V L C U J N Y O Z B W P F N J E
D E G S G P F R T R D H G B P D F N Q R
H T E V O T E R F B L Q J T K N M C X N
I S L U S H L I B N O G N H B I X H F T
T S T V E V A E L R B X A W C W H E R T
D S B A I C Q S V C J V V T A H V X P G
W T L I T N Y T Z G U U E B S L J I C M
W S I R Y F U D P T E P M R O V B E R K
P O Z I W Y K O S T O R M E D P E Z S F
J R Z M T R Z K L H G M B H B G T C T F
I F A F I J O C I M A C G C R E M G L V
E L R U E K T J X V M T N M L D R C E I
S W D R V P I U S N J T Z T S T W R D E
I G E J L T X C Y I M H Z I P Y Z S Q P
```

WORD LIST

SNOW	FLURRIES
SLUSH	FREEZE
SLEET	FROST
BLIZZARD	WIND
STORM	ICE

Flying South

```
A Y T T S L D I B V A C I T Y J S O Q Z
U K R N F T N J V A S B I W K F E H W D
U H A V S Y Q Q N O M V A O Q E B X L C
D R V D J Y J V N V T K L D H U S I I U
Q L E V N A E U I E X Z T R L Q O J Y Y
E O L G U D Q G W R N N I F X L Z T N H
X B I G C B J S D W R K T F H U P A R U
X S N V K M O X V I P M U N N E K P N O
T X G E G I U A T N E G D R L F T R C Q
O J I E H L R P Q T T E E L W S A K T B
E H I R E E N H K E H M I G R A T I O N
J D Q G M S E N R R X T K B G P X H A H
L M N G D D Y O K K C Z A E W W P G O J
H A T Z E D I S T A N C E C U F H U K P
R U Y P U S J D E P A R T U R E N I V A
H P K E H M G A Y G B K S Y L U B I I Z
M P W H E B P T W Y P Z Y W I Y M R Q E
B W T D N S J H X H Y I J X C M L I E E
Z V F A K B V R O U N D T R I P M G A B
S F D T B N S T C T R X Y A M W S Y U C
```

WORD LIST

DISTANCE	MILES
TRAVELING	ROUND TRIP
DEPARTURE	OVERWINTER
ALTITUDE	MIGRATION
RANGE	JOURNEY

Stopover Sites

```
B  W  X  X  J  G  P  P  H  I  D  W  G  P  U  V  D  H  Y  D
S  R  V  V  Z  R  I  M  C  G  X  C  X  X  A  P  U  X  P  B
V  E  E  E  E  C  Q  F  Z  L  M  Q  A  B  S  H  P  Q  B  K
Y  Y  E  G  B  U  R  G  M  S  O  M  V  I  Q  G  T  N  U  L
T  R  R  E  D  E  O  O  C  W  X  J  U  I  Z  Q  I  Y  X  U
W  S  F  T  D  L  B  D  E  G  Z  K  P  F  L  H  E  Q  B  A
T  Z  R  A  T  Y  Q  A  U  Y  A  N  T  I  U  P  M  R  C  L
J  Y  O  T  G  G  R  P  G  D  C  S  U  U  T  P  I  C  L  X
Y  L  T  I  P  I  E  G  J  I  R  I  Q  Z  I  S  T  T  T  Z
P  D  A  O  J  G  D  U  V  V  E  T  B  D  Q  I  T  A  M  Z
C  Q  D  N  Y  X  J  V  Z  B  C  E  P  N  P  J  H  O  S  T
I  R  E  R  S  Y  A  T  V  W  O  S  D  M  W  S  G  J  P  H
Z  P  R  T  T  D  H  T  R  Y  V  F  N  G  O  G  I  O  Z  S
R  A  P  S  V  S  L  Q  W  J  E  P  A  D  P  C  N  L  E  F
E  Z  Z  I  M  G  E  B  I  O  R  V  W  H  B  O  P  S  O  P
F  H  D  I  M  T  E  R  L  Q  M  Y  A  D  A  F  P  E  N  N
U  U  D  Q  W  R  R  J  Y  I  E  T  I  N  I  A  C  H  N  W
E  M  F  K  F  K  X  C  V  D  A  Y  S  H  N  D  U  T  X  K
L  A  U  G  L  S  B  J  L  R  P  X  Z  C  J  E  P  B  X  I
I  V  B  S  Y  W  X  P  R  L  D  Y  Q  T  C  Z  C  E  L  R
```

WORD LIST

PIT STOPS	PREDATOR-FREE
REST	NIGHTTIME
REFUEL	VEGETATION
SITES	DAYS
RECOVER	NAPS

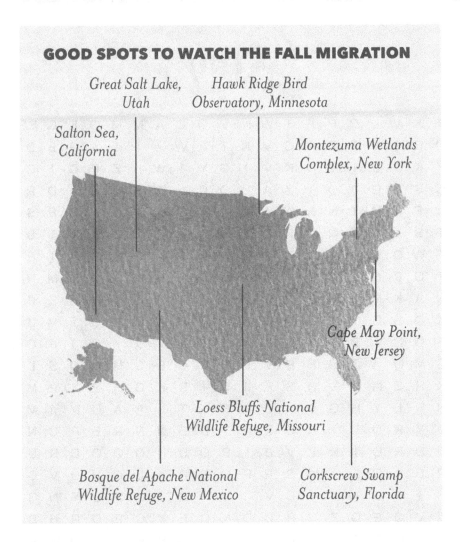

GOOD SPOTS TO WATCH THE FALL MIGRATION

Great Salt Lake, Utah

Hawk Ridge Bird Observatory, Minnesota

Salton Sea, California

Montezuma Wetlands Complex, New York

Cape May Point, New Jersey

Loess Bluffs National Wildlife Refuge, Missouri

Bosque del Apache National Wildlife Refuge, New Mexico

Corkscrew Swamp Sanctuary, Florida

BIRD BREAKS

Stopover sites are important habitats where migrating birds rest and refuel on their journeys north and south. They also serve as shelter locations during dangerous weather. While much research is still needed about these important habitats, clues suggest that birds prefer to stop at the same key places during each trip.

Stay

```
Y X V L O P F T W M V O C A M M Q K G W
O R J Y T Z R O V N T A W A I T A G B D
X K J D I V N N V I G Y I W L Z P C I C
C J F Q J Q T Z A U Q C L A S T Z A D R
J F A M T N L W W C O B O C I G U D E S
T S Y U I M T K O J U U A Z T Z K Y T B
A W O D E A O X S D W E L L C C E Y I E
T O P Q X A J H T X F D N H I R N V M H
N A K M Q M O G W S N T A H G H M H E P
K O S S Y T X T E Z T L F X C J Q T V B
F Q R W B T Y D K U B I N V J Y G J F C
S M Q W C U N R V L N R C E G H N D S L
X R E M A I N S A J D I R K O H Z X P M
H R L Y H G D K L D E V T L A A U M J M
Y Y R D L I N G E R Y D D N N R E P C N
U D R Q I R L V B I R O U N O O O D R U
R B K C E I W S F F N S P A L C H U V G
H I B G A T T U V C P J B Z W D U Y N G
R V Q E O Z O R D D N Q E Y C E D R H D
J Q G T T C B C H J D D Q B E A M O W L
```

WORD LIST

REMAIN

DWELL

WAIT

STICK AROUND

LINGER

HOLD ON

AWAIT

CONTINUE

LAST

BIDE TIME

Home

```
A K M W Y A J J Y F X E W C P Z B T R I
V H P O V E S K I U L B H R O N G D D K
Z A A L F T A M E E V U L I C B Y H W T
H B U C A M W G D M H Y N F K T L O H N
E I L C F C T B A C Q Z V T N F S M O O
A T T E A O E Y M I N T V U D T J E X Q
R A T U P Y R G N P X E Z Y W W N S C Q
T T D F S P S S A H F W Y V E E J T R A
M N A A Z U H T Z J J H G A L U O E Y Z
Y N R V Y A R G R J H M E V L O X A N V
X Y W U L E I R Z U P E Z D I A W D E U
X G F U T Q D C O V C V Z B N L O D S D
R K M T B J Z Y S U B T X D G R V Z T T
Z E Y Z L L W G N N I U H F Z H A Q Q
U Z X F F H R J D H K D S R L T E W A G
O C E W G H W P Z O P P I Q E F U S I P
S O U T S H E L T E R K D N R B K F Q Z
X X E N V I R O N M E N T U G U P N D U
W T T L V C G N U U V G I K J S I P P H
I I M L I L A P E C Q M A Y S L C S W C
```

WORD LIST

STRUCTURE	SHELTER
HEART	DWELLING
PLACE	HABITAT
NEST	SURROUNDINGS
HOMESTEAD	ENVIRONMENT

Think about how the seasons affect the birds you see in your area. What birds migrate? What birds stay year-round? Are there any birds you see only briefly during the year?

MIGRATING BIRDS	RESIDENT BIRDS

RARE SIGHTINGS

HOME FOR THE HOLIDAYS

Most birds build and sleep in nests only when they are caring for eggs or young. That means resident winter birds often find shelter elsewhere. Some, such as cardinals, sparrows, and finches, roost in evergreen trees with thick foliage and tight branches, and they sometimes huddle together to keep warm. Other birds, such as chickadees, nuthatches, woodpeckers, owls, and more, find hollows in trunks and stumps or burrow into piles of snow.

Sparrows

```
D M A J B J V F X B J Q W A Q T I U Y E
B A B B J E M D H S Y V K W M J N D E W
G A R D L E F H F R R D M H A X U Q V H
L Q S Y X R G H E M I F E I L W F K S I
J O Y K G T U W O S M P J T E B I G X T
V L U T A N O I X N S W B E F H F D K E
L D S I D A Z W I R V R G C C C P N G T
C H I P P I N G L H W G P R L V P I D H
B R L R E S F R K O X O K O A V V G I R
W S B L H A D G G U I L K W Y X X H S O
S J X H D R B F I S T D C N C C R R X A
C B H Y L U Y R H E E E S E O W E O X T
I L U A J E K O A Q S N J D L O F L E E
U A X V N Q A P U F O C V U O Z Y U C D
Z R I D T N D P M K N R H C R G M V X X
K K K W I W A V A F G O G Z E U K O K Y
V R K Q J T U V Q Z L W D P D T T Q Y J
M S B V V G L R A S J N B F A D N A N U
C U J I A H W L G S W E E F H V N A R X
Q Y V D B Y H D D Y C D M I B T M T L W
```

WORD LIST

SONG

CHIPPING

WHITE-CROWNED

CLAY-COLORED

GOLDEN-CROWNED

EURASIAN TREE

WHITE-THROATED

LARK

SAVANNAH

HOUSE

Cardinals

```
S  B  N  C  X  M  J  V  K  T  H  G  I  R  B  Y  E  K  Q  A
Z  W  V  C  G  T  I  R  X  V  I  U  Q  X  A  W  S  I  H  V
Y  J  C  S  L  E  P  U  W  T  W  G  Q  Q  T  Z  T  P  T  I
W  H  D  Z  R  B  J  D  O  K  N  E  C  N  Z  O  U  S  D  R
R  V  O  A  B  T  Y  H  Q  Q  D  C  L  Z  C  C  H  H  N  G
G  Y  B  J  C  P  J  J  E  H  L  E  N  A  Z  E  U  U  S  I
W  Z  N  R  S  R  J  E  X  E  G  F  Y  H  T  Q  N  U  H  N
X  V  Y  P  O  C  B  V  P  F  D  Z  X  C  R  E  S  T  F  I
Q  B  O  M  C  W  U  E  Y  C  O  S  F  A  E  T  S  Y  N  A
W  C  B  V  K  D  N  P  Z  P  D  P  E  K  S  Y  R  L  X  N
H  A  O  Q  W  Z  F  F  X  B  S  D  O  C  I  E  C  I  R  I
X  O  S  M  H  H  E  E  E  R  H  Q  G  B  D  W  K  V  T  G
K  X  W  L  F  D  W  J  E  M  Z  K  N  M  E  O  X  B  M  H
V  V  H  S  O  H  P  T  B  O  A  O  A  A  N  E  D  K  A  T
S  D  I  W  I  B  S  L  D  B  R  L  T  Q  T  H  O  A  S  I
Z  D  P  Q  N  G  M  C  T  T  E  E  E  M  B  G  W  Z  K  N
X  C  H  X  N  Y  A  Y  H  S  R  Z  I  S  I  T  X  N  D  G
T  B  G  O  L  J  A  E  S  N  A  K  J  L  R  K  F  P  E  A
Y  H  S  C  L  C  R  X  S  J  R  K  X  M  D  K  F  L  O  L
F  U  U  J  E  N  X  H  H  M  W  Y  C  M  S  U  R  V  Y  E
```

WORD LIST

BRIGHT

RED MALES

BROWN FEMALES

RESIDENT BIRDS

VIRGINIA NIGHTINGALE

CREST

NORTHERN

SYMBOLS

SONGSTERS

MASK

What are your favorite ways to get cozy in the winter months?

_____

_____

_____

_____

_____

_____

_____

_____

_____

_____

_____

_____

_____

_____

_____

_____

WINTER WARM-UP

Birds use a variety of tactics to survive winter. Eating is one: they pack on the weight before the cold sets in. They also rely on their feathers. Most birds secrete oil that they use to coat their wings during preening; the oil helps keep water from reaching their skin. Many trap warm air against their skin by fluffing their feathers. Other tactics include shivering to keep body heat up and cuddling together for warmth.

THE CHRISTMAS BIRD SEARCH

Birds Braving Winter

```
W  E  J  W  E  I  N  J  B  Z  A  Y  G  V  E  K  X  E  O  C
I  Z  D  T  C  K  U  W  H  L  E  O  O  R  D  P  X  R  N  S
M  Y  T  O  P  H  Z  V  A  Y  V  U  Q  E  U  V  T  L  H  W
M  Q  P  H  S  C  N  E  T  Q  I  O  K  O  N  X  H  W  U
H  Y  L  T  J  D  K  K  A  R  N  F  J  G  E  G  U  C  X  C
I  D  B  Y  Z  C  U  N  X  S  F  D  Q  M  Y  S  L  K  J  O
L  Y  X  D  Y  R  M  O  U  Z  O  G  E  F  J  N  C  O  W  N
U  H  B  U  V  V  H  L  E  H  M  V  M  U  K  K  J  T  J  S
D  S  V  T  P  D  A  E  R  L  O  R  Y  X  N  N  N  Z  B  E
T  H  B  M  U  T  A  V  E  M  J  M  T  L  P  S  G  Z  Y  R
K  I  L  F  I  G  N  I  F  F  U  L  F  T  W  U  P  G  K  V
M  V  N  O  U  R  I  S  H  M  E  N  T  R  B  E  R  G  J  I
U  E  N  B  X  W  O  U  O  O  G  E  T  V  D  E  P  A  H  N
E  R  T  E  M  P  E  R  A  T  U  R  E  P  N  Y  J  V  V  G
J  I  W  E  C  I  K  N  T  Y  G  U  J  E  O  G  W  F  F  D
E  N  A  T  U  N  A  U  D  P  E  N  L  G  H  K  W  A  R  K
Z  G  R  E  L  D  R  F  V  U  F  G  L  R  X  B  C  T  F  O
B  I  M  D  V  M  O  A  J  R  R  Q  F  C  R  B  J  G  S  Z
N  Z  T  O  I  F  F  S  W  U  O  E  Q  W  C  A  B  S  T  R
A  B  H  R  U  T  C  J  H  S  E  P  I  Y  Z  M  Q  B  D  V
```

WORD LIST

NOURISHMENT

TEMPERATURE

ENDURE

FLUFFING

INSULATION

ENERGY

MOVEMENT

CONSERVING

SHIVERING

WARMTH

Survival

```
W  R  I  Q  H  M  G  P  S  C  N  A  X  N  X  O  M  O  N  P
S  O  E  J  Q  B  B  A  H  T  W  B  X  H  P  C  W  P  B  X
F  E  Q  Z  D  G  M  F  W  K  I  S  N  A  E  N  K  D  N  R
G  Z  Q  O  O  J  T  E  U  T  T  C  Z  E  J  I  G  W  P  H
V  B  E  A  R  T  S  C  O  Y  N  Z  K  A  Z  N  S  E  A  U
F  Q  A  W  T  H  C  U  Z  G  I  E  Y  I  L  W  R  P  O  K
J  I  P  W  I  V  A  E  W  P  A  W  U  N  T  S  I  D  I  X
Y  S  M  G  G  T  W  X  A  V  T  I  S  C  I  O  E  B  Q  R
L  Z  G  A  V  S  H  I  J  I  S  T  R  S  F  D  U  C  Z  U
F  V  H  V  K  G  D  S  Q  X  U  K  T  O  E  U  A  T  D  P
S  B  O  R  R  E  H  T  T  N  S  X  A  E  C  F  O  C  Q  M
S  U  R  G  Q  O  I  K  G  A  K  E  Y  Q  F  L  C  U  C  Z
Y  M  F  S  J  B  T  T  D  Z  N  G  F  K  E  T  K  N  F  S
A  L  I  V  E  J  G  K  T  W  E  D  T  R  G  P  R  T  X  S
M  J  A  Q  S  L  Y  D  V  H  K  K  A  V  O  K  U  B  B  O
P  W  R  H  Y  N  Q  S  C  R  R  T  P  K  B  H  L  Z  Q  Q
S  U  B  S  I  S  T  J  G  L  E  O  Q  K  P  Q  M  G  N  E
F  Z  I  H  A  W  D  K  B  X  Q  T  U  G  I  A  B  H  W  K
X  C  J  G  Q  C  Z  U  E  A  Q  Z  L  G  S  C  S  T  N  O
O  N  P  A  M  L  G  Y  O  W  R  B  H  E  H  I  T  Z  M  F
```

WORD LIST

SUBSIST	STICK IT OUT
PERSIST	TOLERATE
WITHSTAND	BEAR
EXIST	SUSTAIN
MAKE IT THROUGH	LIVE

Roosting

```
L I U G M W E X Q G U F N D N B G V Z L
C B R R P R O T E C T Z N S X E T Q O H
O M L D H K A H L F C J R K E U S S D S
Y U T K N G S N H L E E A A Z Z H E Y L
T L O F L Q K G B K H P P R Y G K T U E
E U E I T J J D V T K M E T X S X T X E
F S L L E T T G A Y A V R W N I T L T P
A M O R C B B G C F Q B C X V K C E H V
S M D U N A W K D Y P G H O Y D R I J O
G N P L A X I E I O U S G X Z F Z N B V
J X N M R Q E I L G R H P B I M V Q W M
T Q G C T Y G P L M T E U Z H N E Z L Y
U B A G N L O Y W A R W C E N B N T X N
Y I O S E S V M P A X F L O J X C U U C
B X I D E N M M X Z U F O Q M W L Z G B
Q W P X B Y Y X G J Y Y W D W Q O H U H
A L O G B I H C B Q L E K R V V S D V Z
B B J Q Q D G N F K L X L A A M E H D H
E H W X U X U Q M B S A X U E K D E U Q
F R A U B Q Z P P X O P S G W Y I W J Y
```

WORD LIST

SETTLE IN	PROTECT
ENTRANCE	GUARD
PERCH	SLEEP
SAFETY	GATHER
ENCLOSED	BOXES

Sketch out a design for a roosting box for your yard here:

WARM AND COZY

Help your resident birds overwinter by building a roosting box. It's similar to a nesting box but bigger, with fewer vents (to keep warmth in and predators out), perches inside, and an entrance hole at the bottom (again, so heat won't escape). Add a hinged top or a bottom that can slide out so you can clean it regularly.

Nests

```
S S E P T X K Z U E E B A R K H J N O K
Z J F F S S A W S Q O C T F M E V E V T
K F X C C D E W J P K F G M P K G K U M
J A K D R C R V O N Q S Q C A D H L W O
I N I F R U U E A V S Y C K A J I E U G
J L B B G O M P U E U L E H P T O F T O
M T Y E E B A Y U C V J Y N R P N N I A
U U E F M U E U C Y C S T B L G B J M G
M B C H H N Y T A U J D M V U R P U D D
V J L S M S Q Z V Z D Y X O A L D Y R W
W P H K H G W U S E H E P N Y B T Y H S
W C J M W V I Y C G N M C I T V G M Y M
D D Z M M K A J F Z I H V Q D R D M R S
T W I G S R B R F U E W Q M A S P A S B
S T R U C T U R E S P U V S E Z Z L G A
M B I X O V N L D X Q S F B S A W V S
I Y N O I T C U R T S N O C Y V U Z O K
L O G A S W M M V X U K A W V E K O X E
N L U R G B Y P Y X Q D U M S M H T U T
K T P S Z R H R O Y F B R N H J B S W J
```

WORD LIST

MUD

DRY GRASS

CONSTRUCTION

TWIGS

STRUCTURES

BARK

BASKET

CUP

BRANCHES

EAVES

Whether it's because of their song, their plumage, their behaviors, or simply their presence, birds have always drawn people to them. What about birds brings you joy? What birds do you look forward to seeing?

_____

_____

_____

_____

_____

_____

_____

_____

_____

_____

_____

_____

_____

_____

_____

_____

_____

_____

_____

_____

_____

_____

_____

_____

_____
_____
_____
_____
_____
_____
_____
_____
_____
_____
_____
_____
_____
_____
_____
_____
_____
_____

WEATHERPROOFED WINGS

Birds like mourning doves and herons have powder
down—special feathers with tips
that crumble into powder. The
birds then use the powder to coat
their outer feathers, providing insulation
and water resistance to help them keep
out winter's chill. Powder down grows
nonstop, and these feathers aren't molted, so
the birds can keep using their powdery tips.

Feathers

```
V V Y G L I T C P M B E I U O V P M R M
D O G R T K T S S X M W B H W R C O L Z
C C X D B I S H D E Q C C A N U A R Z N
G R J H Q U I O G C G J Y K O E L Y P K
T S S J P F U E H Q D I U D R Y A Y I B
B R I S T L E S L V V G M H D C M R O Q
C Y C O N T O U R B I S L E V N U N Z H
V E K T O F P J I D E P I L R E S G M S
F R W B I U F Y D P T W L G O L K U K E
T S M N B A R B U L E S Q P K V N U O Q
H Y T P Y G E P N L O U V L C K B X D C
F E K H Y L J G W V A N E U Z D T V I M
P T M B A Z H H L K B P R M D P G C O A
A U M U X Y S X P N I U P A P O L Z F I
D H R O L L E F I U B X D G W U W O T D
L P U N R P T E L W P A I E F O R N G M
A G H O Y B I M C B N V R K G R O R Y V
F C D Q P F Q M X W O E O B T E B S N L
R E O X R Q I H E J H N D A S C Z W U S
K V I R Q J G T I S H O Y F H T X G M O
```

WORD LIST

PLUMAGE

DOWNY

CONTOUR

REMIGES

SEMIPLUME

BRISTLE

VANE

BARBULES

BARBS

CALAMUS

Down

```
P D E L I C A T E Z V V A F X U Y L E R
T N O J Z S K M I W K U I X R P P T A O
W F D G H N R W C F T G Q R X U C Z B T
E O S R X E W C R A U R T G P Y K H I A
W S K I W B L P B V U H O Q T R O Y V L
A O F X X S N I G C B N K W P I B K K U
Y U Z V Y N D Z T V Q S D B Y N P S C S
L M D X D A F B L L J Y Y E K B A J P N
K O F B Z A E A L H Z J Q S R O S N N I
O G F H D E O L M V A J X W D N C J L Z
J T U T H F U A U Y X S S Z M I E N E A
S W L F H F D Y Y K L N K Q Z Z Q A X F
N Q F U I G P E B M W P R T D F U Q T K
U B C D Y N I R T F O S O E S G V V M H
I O G O D J E L G S W G X W O K P W T E
D L F J Z P N J P Q Z S F H D W E Y E T
R E J T F Y P G B H C S Y K S E T H C N
W V T L F T W U J A R I E S K T R F Y H
W A U Y K D J Y F B R B S J C M U Y Q T
E H B A T Q K C K K V M E H J T D A U N
```

WORD LIST

FINE

UNDERNEATH

POWDER

INSULATOR

COZY

LIGHT

LAYER

SOFT

DELICATE

FLUFF

Winter Finches

```
P Q P W W E E V A M T A P H N K U B H U
P E S M F I P N E V Q C K L N C T V F R
I Z E V E N I N G G R O S B E A K X R E
N J E Z I K X V P U R P L E F I N C H D
E Z S N N I K S I S E N I P B I I Z X C
G X O H C N I F E S U O H T V D C F W R
R H O A R Y R E D P O L L X G H Z P P O
O K W C W I I D X Q S D H L B W K F J S
S B H S R K E P E R O W F V U Z U P U S
B G A H P Y L G R O S Y F I N C H B B B
E Y W O V I B R Q Q X L Q I E Z X P B I
A K Q E R F T Y Y I T X U G T P W H W L
K O D A H A S Y V Q E L H U Y J X V D L
H Q O E M J N N Y R I E R O F U L Q B I
H V D B D O A L E Q X H G W S M N A N J
W H I T E W I N G E D C R O S S B I L L
R P O H N S C A N S Z A T T F A H N W Q
C O M M O N R E D P O L L Z F L M E X P
Z Q C T V D Q J I Q Y V V X G T S Y P Z
W P V G Y T J U E D Z C U I X V M Q R G
```

WORD LIST

ROSY FINCH

EVENING GROSBEAK

HOARY REDPOLL

PINE GROSBEAK

PURPLE FINCH

WHITE-WINGED CROSSBILL

COMMON REDPOLL

RED CROSSBILL

PINE SISKIN

HOUSE FINCH

pine siskin

white-winged crossbill

red crossbill

evening grosbeak

rosy finch

hoary redpoll

FINDING FINCHES

Winter finches are members of the Fringillidae family that migrate in bursts, known as irruptions, seeking food. Find out which winter finches are on the move and where to locate them by reading the Winter Finch Forecast at https://finchnetwork.org. You can also attract winter finches to your yard by putting out nyjer seed and black oil sunflower seeds.

Chickadees

```
J L X V T V Z N U N B K T R A P C Y C S
C Q T K M O U N T A I N U I L J U U L K
G X K X H M X S V N K K U G P L T L Q D
V Q A R I G C C X U C K D B M E A C K Q
D Q Y W E C F C W G J G Y P E C K U B N
G V B M A H K Q V G F F H C M C X H L D
Z Z X A W M I Q B E F Z J R D U J X A Z
C C E Q F X W I N M R K A Q E R O C C Y
A V E G B H B V W F T L J A K E T I K H
R X S A L Y Y W B T A Q V L O Y I A C T
O W K S T R P P W B D N Z O P I B U A J
L N Q F F Q N F S V P D A B D S V Z P Q
I X S T C Z F C U R I O S I T Y D X P H
N Z G I N A V L I F E T I M E M A T E S
A H Z M V H K Z V W D O S G E T Q X D N
X V U J V V Y W W Y I K D J Z Z Q V J K
G N E F H S K E E H C E T I H W G X X N
X W X G S T K T K E Z K F G C C I G K G
J R M J Z B O R E A L E V P L M F Q G Z
Q G P T M J N E J B G E U P Q P V E J N
```

WORD LIST

BLACK-CAPPED

BIB

WHITE CHEEKS

CUTE

CURIOSITY

ALARM CALLS

LIFETIME MATES

CAROLINA

MOUNTAIN

BOREAL

Finding Food

```
S M R O W G I K I Z D Q D F O R A G E D
R X X G W F D M F N R A B U S H E P X V
H C U K G S G E T I S X I H C N B O I J
Q A C L R Z E Y Z L A E A L Q M G X V R
T C T D A D Y D H A M D C L Q Q B F Z E
F H J F E K U X E K J W F T A X V A P W
Q I U R W O D G P A T M K H S M S M J F
Z N S C E H W J Z P F N H M R F H B A N
U G X J V B V F H M Q A J Q X T I Z A L
N A T I V E P L A N T S Q O O I N M B P
A V W W J K K L Q H N J M L N M G Z R I
U C M Z H L S F C Z X G C M Z T L X O R
U Z H G A M W I J D S B L V P A V A N A
S J P E A R L Y B I R D S T M B Y U Y C
M H L P F K X T X H Q E F G U M S V W Y
T U D I Z J E R Q R Y D D Z P L Z Z T N
Y N I W A U G I L K X E T Q O L Z K Q I
I T N Z H P W V B I E I V Q S Y C N T U
R P H O L N A D K S V M A T O M A J U H
G K S B M L T C M U Z W F E N N X B M D
```

WORD LIST

FEEDER	HUNT
NATIVE PLANTS	PIRACY
SEED	CACHING
INSECTS	EARLY BIRDS
FORAGE	WORMS

Connecting with nature gives you a bounty of benefits, from improving your mood to reducing stress to getting exercise and more. Hiking, doing yard work, observing wildlife, and even just feeling the sun on your face are a few ways to do it. How do you connect with nature—especially in winter?

_____

_____

_____

_____

_____

_____

_____

_____

_____

_____

_____

_____

_____

_____

_____

_____

_____

_____

_____

_____

_____

_____

_____

_____

_____

_____

_____

_____

_____

_____

_____

_____

_____

_____

_____

_____

_____

_____

_____

_____

_____

FOOD FOR FUELING UP

Help your resident winter birds survive by putting out high-energy bird food. Peanuts, sunflower seeds, and suet are great choices. You can pack the bird food into a feeder placed in a location that makes it safe from predators or scatter some seed on the ground (though, note, you will attract other foragers this way, too). Remember to refill bird feeders daily and clean them about every two weeks.

MAKE A PINE CONE BIRD FEEDER

You will need:
- Pine cone
- Twine or string
- Peanut butter or shortening
- Plate
- Birdseed

Instructions:
1. Tie the twine or string around the top of your pine cone.
2. Spread peanut butter or shortening onto the pine cone and into its crevices.
3. Pour birdseed onto a plate and roll the pine cone in the seed until the surface is covered.
4. Hang the bird feeder outside and watch resident and migrating birds enjoy it!

Bird Feasts

```
S U N F L O W E R H E A D S T A W G E W
L V P O Q D W E P O E D V R Z D A P V T
F L D F Z Y S L K A R G Y L I G P R A J
Q D F H H J B N Q I G A U S J C J H V J
W G J U N S W E E T E N E D C E R E A L
D L L M J Y Z D O M A T N G H I I U N A
W N P C A Q G G R E T Z B T F Y Y C L O
S L N E Q R Z F Y M P H N W U X O M M V
U G X B A F W H R E W D M I U M Z O N N
E X P I F N C R A N B E R R I E S R W Y
T D N O B J U Q E L B M D U Y I R Z H G
C V W Q P X L T P L N Q G A C Z J F A H
A N B D S C B Z B K P X R W T D B N Z A
K D N K C N O B R U R P U A H X C S P S
E W I S G F Y R Y B T W A P U E N U T I
S K Y R M R V Y N E J T O D U U R Q X I
K Y S S Q M L P Y Z L N E O E S O V Y H
H B O Q E M E A G D C F S R Z I F G H S
X T B Z T N D Y U I I B V B P R R F Z B
U B O Y B I R D S E E D L K D I J D Y W
```

WORD LIST

PEANUT BUTTER

SUET CAKES

SUNFLOWER HEADS

DRIED APPLE

UNSWEETENED CEREAL

CRANBERRIES

POPCORN

BIRDSEED

DRIED GRAIN

PEAR

Crossbills

```
F  L  T  E  N  Z  H  H  S  A  Y  C  S  O  B  X  Y  G  Z  E
T  T  H  A  Y  Y  O  O  Q  R  E  K  R  G  I  F  G  X  S  C
L  N  T  N  W  O  Y  K  M  O  L  H  E  M  M  H  E  N  R  X
B  A  W  I  N  G  B  A  R  S  L  S  G  W  L  L  Q  Z  X  S
E  K  H  R  S  Z  N  E  E  E  O  H  A  W  K  N  A  N  G  D
Z  Y  I  C  N  O  O  B  W  M  W  T  R  Z  R  C  S  J  K  Q
Z  G  T  Q  A  L  F  D  O  U  O  K  O  I  D  U  D  X  A  M
S  V  E  G  V  H  R  E  V  B  L  U  F  S  Q  U  E  F  C  T
D  K  W  W  J  E  O  T  F  K  I  F  G  L  M  B  E  U  L  S
P  K  I  P  K  I  P  S  S  R  V  I  N  I  O  E  S  D  B  R
L  Q  N  K  R  R  N  I  W  O  E  F  I  T  C  Q  R  A  N  N
O  F  G  F  M  R  P  W  M  P  F  O  K  F  E  O  E  I  W  R
V  R  E  U  L  X  T  T  C  P  E  I  C  T  T  N  F  G  H  S
X  E  D  L  I  X  Z  T  B  I  M  Z  O  A  O  K  I  L  J  A
F  D  O  P  V  H  H  N  C  V  A  B  L  Y  N  Y  N  C  J  L
S  Q  S  U  W  V  L  P  R  G  L  H  F  Y  L  P  O  H  O  O
D  E  S  Z  R  Z  A  J  H  H  E  P  X  S  L  E  C  N  O  S
Z  P  U  Q  N  L  L  O  N  E  S  I  E  G  A  D  W  A  Q  B
V  F  D  P  R  O  C  F  T  A  G  N  W  C  C  B  B  Y  I  Q
K  C  R  S  E  J  K  F  K  M  W  W  L  C  R  G  I  X  N  R
```

WORD LIST

RED

WHITE-WINGED

KIP-KIP

FLOCKING FORAGERS

CALL NOTE

YELLOW-OLIVE FEMALES

CONIFER SEEDS

ROSE

TWISTED BEAK

WING BARS

Crows and Ravens

```
V W N O K L P G C C C D X A U W A B J F
B X J J U H O D M D C B T Z T M I A B S
L K T O V Q Z U X R K M W H E Z B Z A L
V K K Z V Q K V A S B G R R W L X F M E
T E Y T X X H U F N B I I A L H O N M N
F B M N P T L G X R V C C R X X P P G T
A N N E P I Z O J I A Q B T Y S C C M K
D A Z V I X M C N N M Z B Q O U F W Y Q
A X X A N F L G C J W P F W Y Y K Z K K
P O R R T H Q R X U Z Z V L V V Y I S H
T G R N E C O U C B L W I I F B D Y F Q
A M P O L W A R K Y H H T W H R G J E Y
B D Q M L C D Q E C R L Q B K D S E P C
L M G M I Q P K B K A L M W S H I I L R
E G W O G K V S G G F L L Y Z R J C H O
U W T C E H M G O N P L B J W S T R A A
G B N V N C R O I L E X N L G Z Z S J K
S M T I T P E I F V N Z B F L R X D R K
D F S M A R T O C Y K L P R Z A O S U V
C X L F F W U N Q F K V W O R C H S I F
```

WORD LIST

AMERICAN CROW

FISH CROW

ALL BLACK

COMMON RAVEN

CAW

INTELLIGENT

SMART

ADAPTABLE

THRIVING

CROAK

Winter Wonderland

```
J N S Z G I K T C H S S Y U F G U J S M
R E Y U E C V J N F L S S M X Z W U E C
Z O G S T X D S G S C W Q C X R R B K L
S V B X E B N K Q N T P D E V E C X A P
L V Y V W G J L H O E P O W D E R Q L K
A C I S A U X X L W J V F W E C U N F D
V S D E F Z X P H S G D N Y C J J T W H
U D I L W Z H O N H N S O W V U I L O I
W U L C M D K N N O I T I Z T Q R Q N S
K M N I G I C K T E T F H V I V O F S N
T T M C W Q R A I I A I W E S W U R B O
C O M I W R G Q G N K R U Q P H Q O Z W
E V U P I W Z J K G S D U Q B I C S Z P
W P X I Q H F C G U E M B Q J T X T O A
C A K T M Y S B J P C Z Q M E E W Y Y C
V M Q C R R J V Z Y I Y T F B O V R S K
Z A U A D R D Q W R P K B K Q U K V H S
H O W G L I S T E N I N G W D T T T C N
Q J U C M I T O I T T G J Z H L K U Y S
I Z P K Z Z S G E C Z U B S B M Z I A S
```

WORD LIST

ICICLES

SNOWFLAKES

ICE-SKATING

SNOWSHOEING

DRIFTS

GLISTENING

POWDER

FROSTY

WHITEOUT

SNOWPACK

When you've had enough of winter, where do you dream of migrating to and why?

_____

_____

_____

_____

_____

_____

_____

_____

_____

_____

_____

_____

_____

_____

_____

_____

_____

_____

WEATHERING WINTER STORMS

When snowstorms hit, resident winter birds find shelter in microhabitats—small spaces that can provide everything a larger habitat can until the worst of the weather wears off. For example, dense bushes make great microhabitats: They're low to the ground, and their foliage keeps snow from piling up underneath them. Birds can shelter and forage there until storms subside and snow melts.

Outdoors

```
Z Y N Y G N I T A R O G I V N I R P Q D
S A A T E I W R S A R G A N J C V Z F X
P C C Z B S M H O Q L Y L A Y D A Y U G
L B S P K M R A B K F X T L A Z G F N Y
M T R H I P K V T J Q D G H E P V S L D
I A L S W V T U H P W G D I S C V W O K
W O S T U Y U O J K L K F O Z F A Y C P
Q R Q E J K T T U D O L N M Q W M I K X
E X O P H N B V C Y O S J M A M R J T F
N R M O B H O D Q C Z D V Y K C R M W N
G W O U Y A R D S F E L V W R O C N A R
Y K D T L M D E Q M Y D I M I N F P I H
H A E K U R R Y Z Z O B I R W U G A X T
X S E M B F D W K P V O E S O A N J R L
J K R I L G Z O E U T T G V T E D E Z P
T L F A T J J I T T X N W E P U H S O W
R X A N Z F C V A E W M U O U X O D K X
U R H C F K R M H T G O C I M I W F R Y
E Q H Z Y C A Q B M B V H Y V K L X E K
R W F F G C C A X R K D L U T M Q J M N
```

WORD LIST

OUTSIDE	INVIGORATING
OPEN AIR	YARD
ALFRESCO	STEP OUT
EXTERIOR	UNLOCK
FREEDOM	AWAY

Backyard Bliss

```
V R C J B W T L B V S M V G P U M W V Q
W K M L Z Y B D H X F J B O J U G G D O
T Q N L E P I N D S N Z C C E T W O W E
M X D X F A P N S T L Y C M Y C Q X M D
Q F L S R K R V N V U O O C Z B A O E C
E N N D Z U I I U A V D B U L A G Z J A
S M W V F I R Y N F A I V A R W S P S D
P Q P O E K G W A G O N Z L O S I H E P
X N W C N C N I T U B I D M R W S I C Z
J I U B O N W U Q Q K Q H Y S W A X L P
D D A Q V F M Q J M A K F H P Q O P U A
Z C S G R K B N G T M W G E A B Z V D X
N E D R A G L G R T F I B G C V Z P E R
I A U V A L V D A K A P X P E S M N D X
J P Y A R P H Y S E C S B K P P I C S S
M C D U G L O K S F Q N O F F L H H M A
T T B I U A N M Y F V R A Y A K N F V I
C B A A H N J D S A J J C W Z Y H L T B
G F G U B T Z I L A G P N E M P P Z H V
Z E L Y C S U P Q Y T S H R U B B E R Y
```

WORD LIST

LAWN	SPACE
GARDEN	CLEARING
GRASSY	SECLUDED
SHRUBBERY	YOURS
PLANTS	OASIS

Bird Feeders

```
G U T B D V U B S G H F N A Z A Q I I M
N E C R W X X D R X U X F M Q S E Z J N
B C C H C S I Z P N M J G Y C U K Q F H
Z S U I P Z P S U T M F V D Q F K K F N
U W O M F L X J Y G I C Q M W W K H B Y
E L L Q Q U A Y W A N Q X U H G Q R P J
X R V L L J I T G G G F M N N H I B V E
S S B S E T L U F P B H E X Y W I W I R
E P H P T I H H M O I Z K R S E D G L F
F X V U W A F I H S R U Q K B Y D L V P
F K B J S I C N S U D M C N Z U W S J Q
L E J G U W H K G T I H M K N O U M Z O
O T B B O C F Y R G L D X Y R E N W C E
T L H O P P E R B I E E T E T F Q T T O
T D Y Y T P J Q I Y Z T Z L E R E M F D
Y Y D Q M Z M O K K Y S R O A Y O W H I
A A O W O D N I W A J U W W R F F K V G
L R F R J P L J O Z V Z C Y E T R D F J
S T G U C E S U O H V T I Y M L G J U K
O L W Z B C D C E M V T Y I P J F K J X
```

WORD LIST

TRAY

PLATFORM

WINDOW

TUBE

HOPPER

HUMMINGBIRD

HOUSE

SUET

THISTLE

NYJER

What holiday traditions bring you joy? How do you bring nature into your celebrations?

_____
_____
_____
_____
_____
_____
_____
_____
_____
_____
_____
_____
_____
_____
_____
_____
_____
_____
_____
_____

A LUCKY FEAST

According to Scandinavian folklore, offering food to winter birds in the yard on Christmas Day will bring you luck in the coming new year. The tradition may have started with the *Julkarve*, a sheaf of grain that Swedes saved for the birds after completing the fall harvest.

Winter Bird Gardens

```
V X W D R E W O L F E N O C Q Z O L H J
Y Z H Q I G F B H O R X F U D G T E A L
R T W T C U Z O D V I V E V T O V W E X
Y F C T G W H H R M I I A F D U E L J K
C M N O C I X S A L T Q S N G Z T C C Z
X U I V L O I K A Y N H J Y G W I H U R
B A Y B E R R Y E S A Y Y B Z F O G R A
E L R K Z P C T N X S I K H I K P D E Q
R F J O H V J W M O N A J W E D P A G C
Q M A P L E U L G O Z D F B R U R U T Z
L C G J I T N R G V T K E R F W G M G R
Z C J C Z H I P T W N R Q D A L V X C J
U B Q H O W P U E D R P F N O S Z L Y X
U B G T N Z E O T Y P H B R Z O Z C I R
U J Q H B E R K T Y W D P O H C W E O F
Z T U I I A R A I L O N G A M Z H G G M
M T R T D V H D O R X B U J Q I T R O Y
B F G I R E C U R P S I K A O R S L R D
O X C Z T R M A A H E L P P A B A R C Y
B D B W T J P F F M L L Q M L F H O Y F
```

WORD LIST

BAYBERRY	JUNIPER
SASSAFRAS	CRAB APPLE
MAGNOLIA	MAPLE
DOGWOOD	SPRUCE
CHOKEBERRY	CONEFLOWER

Sketch some plans for your winter garden here:

PLANNING YOUR WINTER GARDEN
To plant a winter wonderland for your resident winter birds, consider food and water sources as well as shelter. Think about plants that have berries, like staghorn sumac and purple chokeberry, and seeds, like sedum. Also, wait to pull up or cut back plants until spring; dry foliage, stems, and seed heads all offer food and shelter for birds in winter. Add a heated birdbath, and come winter, your backyard bird friends will thank you!

Watching

```
B K G A Z I N G H A K L Q R W J O Z H T
B W W M H T L F M D L X I A Y S J B Q L
S Z Z S G X F Y B Q F N P E V P I K N O
I C P A M O Q O A X U T D D O I W S B S
I W S E A L F U L G K C V I L I J S V X
P Z E H R H B Y U L V A S H W M E G L D
P P S J X C B K C A O S E A C R H O Y T
M R A T A O E F G Z D W V H V J J W O M
G X C Y U K J I M M Q U I I P K R V P O
E C E L C D U A V F W P N N F W I T A N
T P N O U F Y M G I M G N A G E J O S I
C R E O E T M I M N N P M U W T I D P T
F G N K R I B Q N F I G Y I Y I V O J O
Z A B I J K D C D G G D N L B L M H Q R
S O Y N M C P S N P M G L R G X R L Q I
B W S G B Z P D M W Z A T O C N H L H N
B P Z Q E Y L R O M D G J F H J I V E G
B O I L Q B N Y S T K Z V Z R E F E R M
Y P F G G W C M A F X L M H L K B Q E E
B W A M Z M K W R O V T L O R T W P N S
```

WORD LIST

FOLLOWING	GAZING
SEEING	BEHOLDING
STUDYING	LOOKING
VIEWING	MONITORING
OBSERVING	PERCEIVING

On the Ground

```
I  B  J  J  R  X  I  K  K  R  C  E  S  V  D  Y  F  L  P  O
K  U  T  U  S  Q  V  J  R  Y  H  H  Y  E  Q  U  H  Q  R  H
T  R  S  C  R  A  T  C  H  U  R  A  P  O  H  M  L  Z  C  Y
C  N  Y  W  L  S  N  E  P  X  D  N  J  H  Y  Y  D  V  Q  E
J  W  A  L  K  I  H  W  R  U  N  S  A  Q  W  O  J  P  J  L
G  N  Q  B  F  K  M  T  L  R  A  O  U  A  M  H  R  H  N  M
D  O  A  H  C  V  E  B  B  B  L  X  N  J  C  O  Q  Z  C  Y
F  E  C  I  B  T  M  A  Y  X  K  W  S  A  S  J  Y  W  Z  Z
U  C  P  P  D  Z  X  L  X  P  W  V  U  X  T  D  O  E  R  G
M  Y  I  G  G  E  W  A  U  V  H  V  V  Y  H  Z  P  Q  A  E
W  E  U  C  L  A  L  G  W  N  G  H  Y  U  I  Y  S  M  N  T
K  S  F  H  M  I  R  T  J  J  P  C  L  T  H  F  G  R  I  P
F  F  R  X  S  T  A  N  D  S  T  I  L  L  I  P  C  M  J  K
Z  H  W  I  Q  X  R  R  V  M  M  X  A  K  W  S  V  R  R  P
H  R  X  Y  F  S  T  O  I  I  M  P  Q  L  L  Q  E  O  O  S
O  Z  J  N  K  R  E  Z  N  P  U  I  R  B  K  U  K  R  Q  E
C  B  L  N  X  I  N  D  S  Y  Z  K  A  N  V  U  N  V  O  W
Y  A  L  I  H  E  D  I  H  X  Q  S  V  S  Z  J  X  L  Z  V
C  B  Z  O  M  W  L  H  C  Q  N  R  J  S  J  U  H  H  K  K
S  D  I  V  C  P  L  U  K  Q  Q  R  C  L  E  S  F  S  A  C
```

WORD LIST

WALK	HIDE
HOP	SKIP
SCRATCH	EAT
CLIMB	PICK
LAND	STAND STILL

Sure, you're watching for birds. But sitting still and watching a winter scene can yield sightings of plenty of other wildlife. What other creatures have you seen while birding or being out in nature in the winter? What are your favorites? What behaviors have you seen? Any surprises?

_____

_____

_____

_____

_____

_____

_____

_____

_____

_____

_____

_____

_____

_____

_____

_____

_____

_____

_____

_____

_____

_____

_____

_____

_____

_____

_____

_____

_____

_____

_____

_____

_____

_____

_____

_____

_____

_____

_____

_____

_____

_____

FEEDER DEFENSE

Backyard bird feeders can attract any number of other animals, such as opossums, skunks, raccoons, squirrels, and deer. To protect your bird feeder from furry friends, you could try adding a baffle (a kind of shield that protects your feeder), suspending your bird feeder from a tree by wire, putting only small amounts of food out, and taking your feeder down at night. But remember: where there's a will, there's a way—and winter is for the strong-willed!

On the Wing

```
S T M J R O C X G O P I Q O B D L K M W
V G V E W V S U A V F T G X K V X T E F
A H K R Z B C C D F K K C R O N D Q F C
I M L Z T V E V G L I D E B A G S I S I
Q H M K V P A R S W V T F M M L E O B G
O C T H G I L A Z P T G B T H U Y U S F
I C O Y U M Q Z P I S I V B D S Y A T L
C O Z U I W T T L T V C M F X B X F K U
J W X G O X U F H K E W I A W K G N S T
H H Z B N X O D T X T S A R C W N P R T
X L J K T T P L N R V B F K I F A I F E
P T Z H P K W Q A P E Q P F P S E B B R
D E E S L K C D J B Q R A O L Z E E Z R
Q Y X D C G B B H T P B A S N Y A H V O
E F I I V K N Y Y G R V J D P T F F O F
G T L H S L E L F F I S T J M L L W C U
Z F O Q B W D O U X T G J A L U A J L X
Q N G A G D U T T R L W T F U N P G B R
S C V Z W Y E O C X C A K S R M Q K K U
S M E B N F J Q J L K Q I K T D X T F R
```

WORD LIST

FLITTER	FLICK
FLY	GLIDE
DART	ALIGHT
FLAP	FLUTTER
RISE	BEAT

In the Sky

```
C A G W G C F Y J N T L Q R R J D V T D
A Q C K P C U T K G K G N I V I D L W Y
L P Y G Z Q F R W K Q R Z G J K O U I G
A S C E N D I N G U S E J S E I V C Q T
B Z M X B G V T E W J G N I T N U H G L
M M S T M C Z Z O G Q Z U S O J H J D W
C D X U F Z R O G Z H U Q O P P B M T M
Z Z L M C I P L P N W A A R E N U D C N
F F I C C I R M T G I D Z F W N G P V G
G Q C I N S Z I D N U T P V A Y C D N R
E X U G G B O C L F G W F B K B U I I F
Y R L V E N W A J I P Y Q I B Z G C M M
B I N Z C G I G R H F N Z B R N W R H F
V S R R J S Y L D I J T P N U D P C X P
B F N K M O Y F C G N Q I L V Q N I E G
T N R V U H G G D R V G P N H R N J F R
S G R E E G M I B I I V I N G O G C E Y
K X A S L Y P G A G N C R N U U N D G Z
B W J Y Q H G N I D E E P S N Y P P S N
U R F G H T P C B D O Q X D N Q R W H M
```

WORD LIST

CIRCLING

SWOOPING

SOARING

LIFTING UP

ASCENDING

DRIFTING

HUNTING

DIVING

PLUNGING

SPEEDING

FAR-FLYING BIRDS

Arctic tern: Arctic Circle to Antarctic Circle
Bar-tailed godwit: Alaska to New Zealand
Red knot: Southern Chile to northern Canada
Short-tailed shearwater: Australia to Alaska
Great snipe: Scandinavia to sub-Saharan Africa

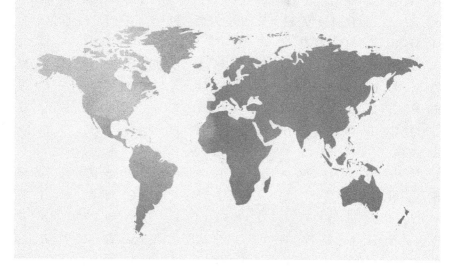

SPEED LIMITS

When migrating, birds tend to travel at speeds between fifteen and fifty-five miles per hour and can cover anywhere from fifteen to six hundred or more miles each day, depending on the species, wind, and air temperature. Some common swifts, which migrate from Scandinavia to Africa, can cover more than five hundred miles a day over nine days. Woodcocks, on the other hand, are among the slowest birds, traveling at about five miles per hour.

Festive Flocks

```
A  I  Q  P  G  X  M  S  I  F  S  V  X  Q  T  P  Y  B  D  N
S  Y  N  C  H  R  O  N  I  Z  E  D  K  E  Y  V  S  G  G  X
W  Y  T  K  W  Q  O  B  K  Q  P  J  D  B  K  S  N  T  C  C
U  Z  K  Q  U  R  B  T  W  Y  Y  D  E  Q  P  I  F  E  D  F
M  E  M  A  S  S  E  S  Q  M  L  P  J  R  V  S  Q  J  Y  F
Y  E  Z  H  N  V  X  A  G  F  W  Q  I  O  F  L  Q  Y  I  X
Z  A  V  O  D  A  H  W  U  R  M  N  M  X  P  J  X  V  L  L
A  H  F  E  R  I  E  D  V  H  T  J  I  J  P  D  O  D  Z  P
R  Q  S  B  E  L  L  U  J  R  N  K  S  H  S  G  R  O  U  P
N  F  U  E  W  R  Z  H  E  T  M  G  I  E  B  N  X  C  L  C
G  X  K  I  K  I  J  N  O  I  T  A  R  U  M  R  U  M  S  G
A  X  P  A  Z  E  U  I  B  A  T  N  J  U  Y  S  R  U  S  R
T  Q  I  T  E  M  B  P  G  J  C  G  S  Z  A  Y  G  G  G  U
H  S  D  I  U  U  E  A  F  F  N  E  C  B  Y  Q  Q  P  O  V
E  Y  H  Y  N  N  G  X  W  J  E  S  B  C  V  O  X  R  O  W
R  V  Q  Y  E  A  I  Y  A  V  L  N  U  I  Q  R  B  Q  T  E
I  N  N  I  L  S  I  S  B  X  S  A  U  P  Z  N  C  L  F  K
N  W  P  H  J  P  B  J  O  L  C  E  L  K  N  E  G  Z  Z  F
G  V  P  D  Y  B  O  P  C  N  T  D  N  F  W  A  K  K  P  B
J  F  J  G  U  R  J  Z  V  T  P  A  W  C  J  N  V  X  R  D
```

WORD LIST

GATHERING	MOVING
VEER	VEES
SPRINT	SYNCHRONIZED
MURMURATION	UNISON
MASSES	GROUP

Nature

```
T H U R P M Y R J Z W H P B S U S Y F Y
V E C N X J P A G L Q N R C N C Y B F E
N A W S A V K C Z K Y E F W G O I P P X
C S G S D N A L R E T N I H T D W N S B
D X B C U C Y Q V H X H P B Q V F N G F
F J Z Y Q C O P Y F K P D U X G F N R C
L F T Z H R F U M A X F A C E L O P N P
P K Z W I O A P N A Y X A N N V R P C W
C I P E R I U J S T P M K D S E I F I O
W T Q U J H S F K P R Y H C M E H L R L
K B H J E A L P L D M Y P W W O D V A L
H Q X T L O X Z C F Q G F T W W Z Q V Y
U I D P R F R I X O Z F H Q K U X C E A
Z K U A H F Y B A C K W O O D S S C S R
S A E D F Z V W D R Z R Z S I F U W N N
L E V N K R S X B F F X A E W R L Z Y X
F C Q X W E V C C F B A R D A E L F I Z
B N A T I A Z O E A L O U X R E G I Y O
K H P H T T U N T A M E D N S T D Q S O
K W S T P K R S O J F S O O A W F J X Y
```

WORD LIST

WILD

FREE

COUNTRY

BACKWOODS

HINTERLANDS

UNTAMED

EXPANSE

ALIVE

FLORA

FAUNA

Woods

```
D E N S E G H T W O R G X P K P Q W F W
P V W S Y D T Z H I L S A V T Q D R H B
G Z T C X D F K F W N E G S N Q J Y C B
M K F J M X S F N G M P R C Q I R C U L
O T B O F X G E F L R S M Z O Q S S W E
D I C A H E P L H Z N O S Q Z M H W X P
T M X O K I B M V I H O V W G D M N I N
O R K H P F O V J L O G V E A Z Z J T H
T O E H W S U Q Z A F P C F Y V T I R X
E D D E K F E D A Q K B J Q P V M E E W
K H N H C D W C S R O T K F V B X D K I
Q X F I S O L S C C S I S G E S E L O R
H F C O J B V S J E M Z J R S K B O B C
L D X K L U C E R Q J U N G L E K I V T
D B B V Z F U O R O M G M R T S Z O G K
A V L Z X H F S O D X S P N X Q M U M P
H B O X T E P T M I T V F C F Q P J Y Y
Y C T E Z R E A M I K T E F P D T U K L
T K O S E Y G N P C B W T H I C K E T G
P F P E H B Q D X J J P J R T V R K L U
```

WORD LIST

FOREST   STAND

GROVE   TREE COVER

THICKET   DENSE

COPSE   GROWTH

TIMBER   JUNGLE

crow

hawfinch

flammulated
owl

black
woodpecker

nuthatch

PHENOMENAL FORESTS

Coniferous forests in the United States support about 150
species of breeding birds, including grouse, woodpeckers,
chickadees, and grosbeaks. Other forest types, like oak and
hickory, support about 200 species, including owls and nut-
hatches. Some bird species, like crows, are considered gen-
eralists and thrive in multiple habitats, while others can only
be found in one setting, like the red-cockaded woodpecker,
which nests only in living pine trees.

Quail

```
Z G F X G O Y Z G H Z Z N V C Z B Q B L
H R V W X A I N R O F I L A C P H S G J
E P U Y K K J Z D I X I N Q B V W E Z R
V L J N O R T H E R N B O B W H I T E M
L U Q K E H V S V J M T U U N G Z G A J
Q M Z Z B Y P E T K R Y L R L K X P N E
S P E R J P B Y P B Y O M D U H M G F I
O O N Z Q O R V K R O R S T M D W J O M
J J D T V A L L E Y Q B Y N A R W N R W
A N E R L M O U N T A I N J Q F Q B W I
T Y L T O E S U M Y L G C K M U D Y A T
V P A U O P I A R G P N P T O A Y M R Z
U U C E C V O A G I S M C O N R M A D O
A O S J Q M Z Y I E I D Z Q T A F S C P
S K D L O Q I N E S X H U C E K P R R J
Z D Y H U P Z Q B V Q I L Z Z W J G E M
V W O X X G T J Q Z O L N T U V E I S K
Y G G A M B E L S C L C H B M A C S T Y
T F W I L E A N V R L E K V A I X V Q L
B S F L M K O V U Q H Y O O R H H V C R
```

WORD LIST

NORTHERN BOBWHITE   SCALED

CALIFORNIA   MONTEZUMA

VALLEY   COVEY

MOUNTAIN   PLUMP

GAMBEL'S   FORWARD CREST

Grouse

```
J X X B G Y Q N L A Y R I V A P M E X G
J K Q U T D P M V S P J I C X Y Q L S D
B R Z P Y S F S I O T I K Z X F R A G U
O V R U F F E D U O F P Q U T J E D X S
I G O O B S S O V T V N W H M R L E C K
A O X B A P X C J Y U L R I X I L C A Y
S L E K S T I V J D Q S N R B G E V M P
H A Y V K X C H D H D M U T V T W Y O U
A S A G H Q B C M N N J R P Q A D B U V
R Z A R U N V E Q U T O L T U O D E F M
P S W D F H I K C J Y Z D N O O N D L N
T X V K M P U B W V B W Q X W T U A A M
A H C K Q J G T K K A E J L C R O D G M
I H N I P D S Q D A M F X K A V R F E C
L O C W H S M A W C L U E W N A G I F J
E B C Q X X N L M Q N C Y P E Z R F G H
D N L L Q C X G Q X U E T G V C J S W O
K U E K E B R M F R M Z A J I R A R L P
F I M V F H Y S P R G S G K N G W T X R
A M X R Z I Q S M O N E R H L V W E Z S
```

WORD LIST

SPRUCE

DUSKY

SOOTY

RUFFED

SAGE

SHARP-TAILED

GROUND DWELLER

CAMOUFLAGE

DANCE

LEKS

Christmas Trees

```
L  S  K  X  R  K  E  F  R  A  G  R  A  N  C  E  Y  E  P  B
W  G  G  D  X  S  B  H  T  H  V  C  D  R  W  H  U  Y  M  Y
N  N  F  N  P  Y  S  R  R  A  E  Y  P  E  K  W  C  N  B  E
P  D  X  N  W  X  O  E  J  C  F  A  Y  E  J  N  M  A  F  L
P  Q  B  O  V  D  R  R  N  K  C  G  D  F  I  F  C  I  O  O
X  S  U  D  G  M  N  Y  N  I  E  B  C  P  M  F  Z  T  N  S
M  H  H  J  E  Z  A  G  Q  K  P  N  X  I  Z  I  A  W  J  C
N  G  R  B  X  M  M  Y  V  H  C  O  F  N  L  G  H  T  J  E
K  U  K  U  B  V  E  M  G  P  U  W  N  E  V  X  N  C  S  N
R  O  M  D  R  U  N  R  L  F  G  U  X  C  Z  V  R  G  Z  T
F  B  A  E  I  C  T  X  I  R  V  G  F  O  L  P  K  Z  L  N
I  H  Y  G  Y  X  S  R  K  W  S  K  L  N  X  Y  E  R  H  P
T  C  C  K  K  J  S  P  H  M  U  U  H  E  E  Z  G  Q  X  X
H  S  D  H  U  F  N  Y  D  X  L  A  F  S  A  I  X  V  T  M
F  Q  M  Z  E  M  M  S  D  E  C  O  R  A  T  I  N  G  H  W
A  C  R  N  Z  B  N  Q  O  E  Z  C  T  B  U  E  B  L  H  F
X  P  D  Q  X  M  G  K  X  G  R  W  B  V  W  K  U  F  Z  S
L  M  Q  M  E  R  I  L  J  Q  X  K  G  B  C  Y  T  Y  H  E
H  G  Q  C  O  N  I  F  E  R  O  U  S  P  E  T  N  U  B  C
W  I  O  A  E  S  S  P  R  U  C  E  S  L  G  M  N  D  X  Y
```

WORD LIST

PINES	CONIFEROUS
SCENT	FRAGRANCE
SPRUCES	BOUGHS
FIRS	ORNAMENTS
PINE CONES	DECORATING

Christmas Birds

```
D U V B C P C A L L I N G B I R D U W J
E P S X P X J X E Q O N S K S N Q I E B
B R D C G T G N S R I X J Y D H P Z X V
J H F R E N C H H E N Q G N N B J J H G
U K F J M Y W B P C S E Y I O H C K Z M
K I W W C H I Y B R X L O H D R V N C F
W V Z Q T V P L R Q N U I M O V E A J D
N G U I F F R E N C H H E N R V L E Q I
Y U C L X D V H T C E F A S O L G D W F
R J A R E X C A Z V M C C D I D O R N C
P T M K C M B A O C U O E N I B T I O T
X N P Y H X N D L K S L G R C N B B K B
G S Y F J Z E U U L T B T U L F W G Z B
O P F M E L H B Y R I R W A O C D N W A
I H J D T P H Z U R A N W K D F Y I K F
W U G R W E C T D P W N G U T O L L H X
Y J U Z G R N H D V V E F B E N T L X A
R T H A F K E B E R D T K D I X K A V Z
D Q T A W O R K T M T P E K Z R I C D E
R S Z P W T F A W I D A F B M I D N K G
```

WORD LIST

PARTRIDGE	FRENCH HEN
TURTLE DOVE	CALLING BIRD
TURTLE DOVE	CALLING BIRD
FRENCH HEN	CALLING BIRD
FRENCH HEN	CALLING BIRD

Holiday Habitats

```
J  P  J  X  S  B  U  R  H  S  K  D  A  F  N  R  K  I  Q  E
G  Z  B  S  O  C  C  H  D  G  M  I  S  G  T  Z  L  C  S  I
E  E  B  X  O  X  F  B  A  R  Y  R  O  H  Y  G  D  U  M  L
L  K  U  A  G  W  Y  N  B  A  X  G  B  V  M  E  O  O  J  I
Y  T  S  K  B  B  H  O  O  S  X  Q  F  O  Q  H  J  Q  Y  O
X  T  H  O  A  I  G  F  Z  S  I  S  T  M  D  Z  F  Y  T  V
S  R  E  G  Z  A  P  Q  J  B  J  Q  U  R  A  L  Z  I  K  L
S  C  S  H  S  N  I  D  K  Y  C  J  I  L  A  J  K  E  W  Y
J  Y  B  J  V  D  X  B  U  N  G  B  C  G  Z  W  E  E  U  W
M  Y  A  N  Z  U  T  S  M  S  H  X  P  X  N  L  N  H  Q  M
P  C  Q  W  W  M  C  I  V  Q  C  T  Z  B  A  E  N  B  Q  Y
L  Y  Q  Z  R  D  R  C  Q  V  M  N  N  X  I  C  W  V  W  P
J  S  R  E  V  E  R  G  R  E  E  N  T  R  E  E  S  J  F  N
N  L  V  H  C  Z  T  Y  W  P  L  W  T  H  M  F  X  O  W  U
Z  O  O  L  N  D  J  A  H  S  K  A  E  R  B  D  N  I  W  F
L  F  Y  C  V  M  C  R  W  L  B  W  D  V  Y  U  S  F  P  U
M  E  J  Q  S  I  X  O  B  R  U  S  H  P  I  L  E  M  B  E
F  R  P  M  D  K  X  O  Z  R  Z  X  D  Z  F  K  F  E  Z  Y
V  N  A  F  X  S  U  C  J  V  Z  Q  Q  S  B  Q  X  H  X  I
G  S  U  N  B  Q  C  C  Q  F  S  K  M  E  L  C  Q  X  H  L
```

WORD LIST

EVERGREEN TREES

SHRUBS

WINDBREAKS

BRUSH PILE

FERNS

GRASS

BIRDHOUSE

COASTS

WATERWAYS

BUSHES

Write about your favorite sightings from your observations this winter.

WINTER FAVORITES

Species: _____
Description: _____
_____
Time of day usually seen: _____
Behaviors: _____
Count: _____

Species: _____
Description: _____
_____
Time of day usually seen: _____
Behaviors: _____
Count: _____

Species: _____
Description: _____
_____
Time of day usually seen: _____
Behaviors: _____
Count: _____

Species: _____
Description: _____
_____
Time of day usually seen: _____
Behaviors: _____
Count: _____

Species: _____

Description: _____

_____

Time of day usually seen: _____

Behaviors: _____

Count: _____

SURPRISE SIGHTINGS

Species: _____

Description: _____

_____

Time of day seen: _____

Behaviors: _____

Count: _____

Species: _____

Description: _____

_____

Time of day seen: _____

Behaviors: _____

Count: _____

Species: _____

Description: _____

_____

Time of day seen: _____

Behaviors: _____

Count: _____

Winter Waterfowl

```
U T A C A D O J F V V Y B O X A A X I J
N O R T H E R N P I N T A I L S J G W R
J D N C R R S Y M G G B X A K F F G M P
H E N Y I J E U H H A C W B Q J C T S X
P F Y T A B Z B R L G D Q I G G O V K I
W R V J D K X P I F Z W W Q D F M T X O
M D S R Z E M J A H S A Q A G D M X V E
P B P B X O I L A L S C W S L K O H I M
T H P D L U S Z T Q B D O C J L N A C Q
C S D V O W A Z M Q B B K T N S G R Z R
Z Y C O M M O N E I D E R U E J O L I U
Z X Y C M G O O X L E L M Q E R L E P W
V Z Y C Q S J Y D H C A Q L D A D Q K Q
R U D D Y D U C K D P A L N D E E U V Y
O B H U O Y Q W U W U K E N Q F N I Z D
M U H W D R O U U O N C I C R V E N Y L
B P B J L S H C P T S T K B B X Y D X M
X X B U F F L E H E A D L H Y W E U U Y
T D E J A B D V N D D D K A A K I C Y A
T J C O M M O N M E R G A N S E R K M U
```

WORD LIST

COMMON GOLDENEYE

COMMON EIDER

SURF SCOTER

COMMON MERGANSER

NORTHERN PINTAIL

GADWALL

RUDDY DUCK

BUFFLEHEAD

WOOD DUCK

HARLEQUIN DUCK

Owls

```
H Z D D L P B Q M O A W X W C C I E A A
P B D R Z S C B A Q J V V S N O W Y L N
G C S S S Z B Q E N Z T R M C A T C X B
U J W T J G R H A I N U N S W A R A Y A
I P S N I A U K S J O T S D M T Y L L R
K Q U Z P D W O T P R M W Q F X S L H R
V Q N T P H C G E G T F R B D V D S O E
K L O A B W A R R L H F V R C B C N O D
C R H X H H D E N U E B Q O V C V O T F
S J U X J Y Y A S Y R O H M W J S W F Y
I U D R E L U T C U N Y T Q N W S H A T
P O Q Q W J R H R Z S A L K S F N B J L
P E Z L X Q M O E T A Z H H N D C H U U
V U Q B J O O R E G W M M Y F H C I R T
C B B T V N W N C U W K D C M K I B H F
C E U U R W A E H K H R P B T I O X B I
V G J A Z E I D Q A E Q N N I E X E Y E
F X B V S K W V M R T W Z P E L L E T K
N V W P F C V V P L R B K J L N A G F O
C W G J W N G Y H Y Y S Y V T C J I D H
```

WORD LIST

SNOWY

RAPTORS

GREAT HORNED

BARN

EASTERN SCREECH

NORTHERN SAW-WHET

HOOT

BARRED

CALLS

PELLET

Winter Seabirds

```
W M A T R G C H P N P L X D H C B D G D
R G J D O Y F M I R Z Q A X M E P N F S
N O R T H E R N F U L M A R K M F A X Y
Y U E E V R R B D D L C C A M Z U G A L
T S A N O A O D K V W R W H M K A M W O
T E T N O I X Z D Q U I D Z L Y Z N C H
D D L A O E P P D U T Y J E P W M R A E
H H A G L B N L Q T I N T I I W A D C R
J E N N H T W M I H N E D D C Z F O V R
Z R T R D T G K B K T D H D O M N U B I
H R I E E I K E V O D F Z R W L L U G N
Q U C H B N T A E C U Q B F J B P R I G
H M P T W E X G J Q A I P D V H E N G G
W N U R S X B Q P W L O Z D H A G E G U
S O F O U I N U H L R D Z B T Y S K B L
F M F N O J Q R F G T O J S K C T X K L
I M I W Y Z L M V R T Y K A M R Y I R T
T O N S S Y S G B E P U M G E M E W L G
L C A S B C Y O M P A D H D J W C J O A
H R J V D O K L R C T Y K J Z G N F H R
```

WORD LIST

NORTHERN GANNET

NORTHERN FULMAR

GREAT SKUA

RAZORBILL

COMMON MURRE

DOVEKIE

ATLANTIC PUFFIN

AUKLET

HERRING GULL

KITTIWAKE

Where do you dream of traveling to for birding? Which birds do you most wish to see there and why?

_____

_____

_____

_____

_____

_____

_____

_____

_____

_____

_____

_____

_____

_____

_____

_____

_____

WINTER ON THE BEACH

Beaches aren't just for summer! Seasonal changes bring exciting visitors to shore, even when it's chilly. For example, sea ducks travel in droves to Cape Cod, Massachusetts, in winter months, and the shores of Lake Erie host snowy owls.

Winter Raptors

```
E H K W A H S R E P O O C B T Q F T L B
B M M D N I M T L L R T W J G G H Q O L
Y L R O U G H L E G G E D H A W K A R F
N H M R Z L Q O S G L S G M T B N E K F
S R X N X F B H O D M O Q O B K I N Y S
A M S F G H R S U R H R L C W R O W C O
M O Y S S R H R A Y V M R A R C I A I G
E K F R W A D F J E Y K H A L V U V L Z
R I X C W M T D A Q N D H A K F N I N C
I L V K J W N N B N E N F G Z G M J C E
C K I X O W Y A S L R E T B I I K Y W F
A R X O F U V L I E N Q S O R K J U J R
N C R E T W B A H I G T C T H J T M U Q
K U D G E Z T T R E L G A E D L A B X A
E E L Y I D R G T H B L W O Y W O N S I
S P O F E O E S B P P Q N U T T O G C E
T L Z R N R N E P A P H C I R K J L T O
R O G K E I Y R O V P Z J Z D T X F W J
E H O P C J D I D U X T I V S R X A S R
L S R M E R L I N F A L C O N Y O K N T
```

WORD LIST

BALD EAGLE

RED-TAILED HAWK

ROUGH-LEGGED HAWK

NORTHERN HARRIER

AMERICAN KESTREL

PEREGRINE FALCON

SNOWY OWL

COOPER'S HAWK

GOSHAWK

MERLIN FALCON

Mourning Doves

```
U F O M I E T K Q D I V Y L J L D T B U
A O Z B U K N E Y B G Y I W J S E U W H
C S R R G D A E W Y W I G A W X N R U J
P W E P P N D Z C T N Y O B D J T T D P
Z I Q P Q Y N P G A E W L G K D A L Y R
P D S P M X U P D H R T Q X U A J E N M
M E Q W A Y B A E Q V G V V M J Z D W K
P R G P T X A P L V S Q S S O P W O N E
B A R V E Y T L C R O I I K I Y M V I O
N N T R D P I N K C B D D L X G I E T G
P G G F P C V C V F L L N Z A V T I K Z
Y I V G A V A B J V E C T I M S U P Z M
X N O U I P P L T R Y H O X A O S Z J G
D G V A R I H B P A T G S O A R J H Y L
X Q J I S U T M R C T B K C S T R N G Z
J Y M L L S Y M B O L I C K N T P C H K
I A Q C Z Z I P S K M V C D A X L A R N
D K M R U T C X S Q W C E R U K V C K H
R U D F U L D U C Q B M T K O F C I X S
N P G T B W D I Y C O M M O N T C T G D
```

WORD LIST

COOS

COMMON

ABUNDANT

SYMBOLIC

MATED PAIRS

RAIN DOVE

TURTLEDOVE

GRACE

DUSK

WIDE RANGING

Nuthatches

```
I  O  W  J  J  H  H  U  P  O  H  F  B  J  B  F  L  R  C  O
Q  Z  F  K  N  E  C  S  K  N  B  E  T  J  R  K  U  G  J  V
D  E  V  Z  S  L  J  V  K  S  D  E  K  X  O  Y  R  A  S  I
T  R  E  E  T  R  U  N  K  S  E  D  A  T  W  K  N  V  N  F
W  M  P  K  J  Y  C  F  Z  Q  T  E  C  J  N  B  D  A  V  R
F  A  E  V  N  V  V  U  Q  T  S  R  O  E  H  A  V  N  R  I
B  A  B  K  I  O  M  B  Z  M  A  B  T  A  E  D  A  U  C  E
B  T  C  Z  W  H  H  G  X  T  E  I  W  E  A  J  H  E  Z  N
A  S  P  T  E  H  E  D  Q  J  R  R  D  G  D  G  K  Y  W  D
S  R  S  R  I  N  I  P  V  Q  B  D  U  D  E  D  S  P  A  L
Q  L  R  R  Q  V  O  T  R  S  D  S  O  V  D  H  G  A  S  Y
K  W  A  P  W  M  E  W  E  N  E  V  L  M  N  Y  T  L  U  A
W  R  L  X  W  J  N  P  U  B  R  Q  T  P  K  D  I  F  F  X
O  E  A  Z  S  G  I  E  S  N  R  Y  Z  G  O  A  Z  T  G  J
J  R  L  W  M  R  Q  I  A  A  Q  E  E  N  T  F  J  H  E  U
P  D  N  J  T  E  D  A  J  C  N  S  A  T  A  F  D  Q  E  R
X  T  U  S  J  R  I  R  Q  H  V  N  R  S  O  A  O  Q  Y  O
L  V  E  V  D  B  Y  T  Z  S  J  O  B  V  T  X  T  O  B  K
G  Y  J  R  R  Y  Y  S  T  W  H  J  Z  P  A  E  P  K  Y  O
E  W  M  O  N  P  B  G  B  S  T  L  B  W  H  P  D  Q  P  B
```

WORD LIST

WHITE-BREASTED

RED-BREASTED

BROWN-HEADED

ACTIVE

FRIENDLY

EYE STRIPES

SHORT TAILS

TREE TRUNKS

LOUD

FEEDER BIRDS

Reflect for a moment on your community. How do you support one another during challenging times?

_____

_____

_____

_____

_____

_____

_____

_____

_____

_____

_____

_____

_____

_____

_____

_____

_____

_____

JOINING FORAGING FORCES

Nuthatches often join downy woodpeckers, chickadees, and other birds to hunt down seeds in the winter. These groups are called "foraging guilds." The birds find safety in numbers: they listen for the other species' alarm calls as they forage.

Birding in Winter

```
V U U H W H H F W C J D Z Y Q A Q D B B
O X A T L E N S C L O T H Q T R H R W Q
D Y N B L W N E Y M P A X Z S D A V F B
E T Y F J J S C F H S A X B H X E G X E
T B R W S P M Z B T W S E I L B I D W E
N J K A W T Z C B H N B U L I S T E N G
O U Z P C Y Z Y O N T G O X C V S X B Y
X I X H L T R G S O O F G O P G R A O P
D D S S B N I B G G H H J W T W E Y D S
K H L E G G R O P X G L O V E S M C B E
L N O L E C V S N I K Y S M L C R D Q A
Z O F K C K E U I K D V R K R Y A Q C U
P A W A V L I A O T J V E J H S W J F X
K Q O O S M F N Q A L K Y N J X D F W X
B U N D L E U P G G H B A J X A N L D R
A I M O X D P H T M A F L U R N A O V N
N M L D T H C K K V J U R T V N H X P Y
L D N O D P C L S R H B A F J O I T I Q
T C A N G A W Q F G Q L E Q N Y Q B O V
J X L N W O D W O L S K W B Y P D F X R
```

WORD LIST

GLOVES

WEAR LAYERS

LENS CLOTH

HAND WARMERS

BOOTS

TRACTION

SEEKING

BUNDLE UP

SLOW DOWN

LISTEN

Counting Birds

```
D  S  K  X  V  C  C  C  K  C  T  I  M  E  R  D  A  T  E  U
N  C  Y  N  V  Z  A  M  H  Q  V  E  G  L  O  G  L  Q  Q  F
D  Y  Y  I  I  Q  N  Q  B  E  B  T  S  H  T  M  Q  U  K  W
P  A  C  R  L  Y  W  O  U  F  C  R  I  T  L  R  J  J  R  R
N  U  T  E  U  B  K  S  W  N  P  K  S  Q  I  L  D  J  G  A
J  Q  V  A  F  Z  M  W  G  C  V  P  L  R  X  M  F  W  K  R
Z  F  C  C  I  R  Q  X  Z  M  D  I  Y  I  D  V  A  S  M  P
W  D  I  F  H  M  Q  H  B  P  W  O  C  Z  S  B  D  T  D  Y
Q  U  R  U  C  S  R  C  G  D  R  Y  B  Z  N  T  H  A  E  D
N  Z  E  K  S  P  E  C  I  E  S  B  E  A  Q  A  S  V  H  C
W  A  T  C  H  V  R  V  A  D  Y  L  W  Z  M  C  Y  Z  Q  T
D  S  C  S  S  B  T  P  A  Q  F  D  N  A  H  U  Y  Q  R  N
V  G  R  I  M  P  R  M  E  P  M  N  C  C  C  V  O  A  J  G
E  U  M  S  G  J  I  D  Q  U  C  R  V  E  D  U  C  Q  F  J
I  J  M  Z  I  S  Q  U  T  O  Z  Y  F  F  Z  K  V  R  Q  P
A  K  C  T  Y  K  G  J  P  F  L  D  G  A  E  A  U  T  U  D
Z  U  F  H  J  L  R  M  B  T  V  J  N  O  I  T  A  C  O  L
J  T  Q  H  F  L  X  B  A  V  D  O  X  W  A  T  T  N  F  C
M  M  P  O  S  L  B  F  N  J  F  Z  X  J  K  F  L  C  D  V
D  W  V  R  K  C  R  W  G  M  D  P  R  F  P  J  B  Z  C  S
```

WORD LIST

ESTIMATE	DATE
TIMER	SPECIES
TRACK	LOG
CHECKLISTS	DATA
LOCATION	WATCH

Studies show that bird watching can improve our well-being. How do you feel before and after observing birds, both mentally and physically?

BEFORE BIRDING	AFTER BIRDING

What would you tell someone to convince them to try bird watching? What's your pitch?

_____

_____

_____

_____

_____

_____

_____

_____

_____

_____

_____

_____

_____

_____

_____

_____

CITIZEN SCIENCE

The simple act of counting birds in your backyard can help scientists learn volumes about bird species. By participating in projects like the Christmas Bird Count or logging information in apps like eBird (learn more in the Resources section on page 116), you can help ornithologists unlock migration patterns, discover how habitat loss and pollution affect birds, and inform conservation efforts. Give yourself a pat on the back!

Robins

```
P  D  B  O  E  T  L  S  L  E  Y  Q  Z  C  M  L  R  W  N  C
J  R  Z  M  F  P  I  A  P  P  A  U  Q  N  H  M  S  V  O  H
L  N  T  Y  K  Y  C  C  R  Q  U  Q  H  X  Z  D  P  Z  C  O
S  Y  O  N  V  R  L  W  C  X  A  M  N  R  Z  R  R  R  A  R
Z  C  A  D  Y  H  X  O  L  R  P  T  T  R  O  D  I  O  R  A
O  Q  U  W  O  R  M  E  A  T  E  R  S  K  N  X  N  G  O  N
H  Y  R  M  W  Z  U  R  U  G  F  N  N  N  R  L  G  M  L  G
Y  P  X  O  Y  B  X  M  X  M  U  R  W  W  S  G  T  O  I  E
V  A  K  W  L  E  J  X  L  U  M  O  K  R  R  S  I  M  N  B
N  E  T  G  O  O  I  W  O  K  R  M  N  S  E  Q  M  A  G  R
U  A  G  J  I  R  C  W  T  B  I  Y  U  H  V  Y  E  P  P  E
L  K  T  G  R  C  A  Y  Y  B  D  C  S  Y  G  O  G  D  O  A
L  X  K  K  Z  E  O  A  T  R  Y  U  K  L  H  J  J  Y  L  S
A  Y  D  V  R  Y  R  N  U  S  R  Q  R  P  C  D  F  Q  Y  T
C  S  T  M  O  G  Q  K  I  H  U  U  S  I  R  Z  D  O  Z  C
T  J  L  B  A  B  N  Z  T  C  D  R  O  I  A  U  N  E  H  H
U  P  N  Y  M  Q  B  E  E  W  C  C  Z  C  Y  T  R  E  B  U
T  E  F  S  I  J  N  J  Z  G  H  V  V  Y  D  S  V  A  K  N
V  D  P  N  N  C  F  W  Q  H  S  I  A  K  I  T  H  G  T  W
C  A  T  K  G  U  W  T  G  X  P  N  U  X  N  X  B  D  T  U
```

WORD LIST

ORANGE BREAST	WORM EATERS
RUSTY COLOR	ICONIC
GRAY-BROWN	THRUSHES
CAROLING	SPRINGTIME
ROAMING	TUT CALL

Waxwings

```
S  R  O  E  U  N  D  E  R  T  A  I  L  C  O  V  E  R  T  S
W  G  Q  J  N  L  A  A  E  E  C  N  Z  E  P  P  X  A  S  O
I  Y  L  T  U  G  X  C  S  L  Z  R  W  X  B  I  B  N  E  V
O  P  B  F  Q  G  N  R  E  H  J  O  Y  P  P  I  D  M  K  Q
T  H  L  U  A  N  L  X  A  D  R  P  L  S  F  T  G  P  I  J
V  D  A  R  J  A  T  Q  Z  R  A  C  T  Y  U  M  I  J  L  V
M  I  C  D  E  T  Y  V  I  Z  G  R  X  L  B  C  E  J  A  B
G  F  K  A  R  Z  A  Y  R  G  D  E  Z  O  I  J  W  S  K  O
D  F  M  V  A  A  C  N  H  I  L  K  T  Y  C  E  I  C  O  H
R  E  A  V  H  J  N  K  D  B  R  V  T  R  C  G  T  Z  O  E
P  R  S  S  E  H  S  M  A  D  O  A  B  C  L  Y  N  N  L  M
V  E  K  M  N  X  F  I  F  W  D  D  K  T  A  Z  S  F  G  I
F  N  U  W  J  E  C  V  U  T  U  C  A  R  H  Q  O  H  S  A
D  T  J  Q  C  O  G  K  C  O  T  K  G  U  T  I  W  V  V  N
S  I  H  B  S  G  Q  K  R  W  S  T  Z  X  Z  N  R  Y  Y  L
A  A  D  H  T  B  M  G  X  W  F  R  A  O  U  B  H  Y  I  U
U  T  J  B  J  W  I  D  G  O  Y  A  L  O  X  E  J  S  V  Z
A  I  E  G  I  D  N  O  S  Y  K  Q  E  J  C  U  B  P  M  B
I  O  D  T  C  M  E  V  Z  Q  T  F  X  X  U  R  N  M  Q  W
G  N  X  E  L  O  K  O  R  A  N  G  E  F  A  C  E  U  M  K
```

WORD LIST

BOHEMIAN	SOFT-GRAY
CEDAR	TAN
SOCIABLE	ORANGE FACE
LOOK-ALIKES	UNDERTAIL COVERTS
DIFFERENTIATION	BLACK MASK

Birding Slang

```
J  R  P  J  U  L  F  R  G  E  I  H  C  W  A  L  F  L  J  Z
N  E  A  U  O  Q  Q  T  D  H  U  P  Y  H  P  U  B  W  C  J
H  F  C  B  V  H  C  T  A  P  W  T  G  F  E  H  B  R  A  D
V  I  E  H  S  O  T  K  U  E  X  O  K  N  N  G  W  B  X  M
H  L  U  R  P  T  Y  M  T  F  Q  U  N  T  J  O  N  P  E  Q
U  U  B  N  S  A  T  O  H  G  M  X  G  H  D  Z  Q  K  H  B
O  O  W  S  K  W  F  L  K  S  W  A  R  L  R  M  K  X  F  O
D  E  S  A  H  C  Z  Y  B  T  N  X  J  Z  Y  A  V  Z  K  H
G  W  H  J  Q  P  X  X  W  S  K  Z  T  A  K  U  X  T  J  F
F  B  O  P  F  K  B  K  D  G  U  U  A  Y  H  E  U  T  W  A
U  L  X  Y  W  Y  N  I  R  S  V  Y  E  H  A  P  R  I  Q  T
N  W  E  T  E  O  U  Y  R  L  Z  M  J  R  X  P  G  W  D  O
H  B  K  E  N  S  B  E  S  A  R  A  G  R  R  D  W  I  Q  E
E  K  J  D  V  M  D  N  N  T  K  V  E  I  Z  T  O  D  X  X
P  T  B  C  C  R  I  I  O  A  G  H  X  P  R  J  T  A  I  Z
C  A  R  L  I  B  P  E  O  T  C  J  C  E  W  M  Z  Y  K  P
X  O  J  B  W  T  J  D  L  T  Z  C  X  R  Z  R  Y  P  T  I
M  G  O  E  X  C  R  F  I  D  L  U  B  Z  C  O  N  T  Y  W
G  V  B  D  G  W  R  W  Y  J  D  Y  G  C  B  G  Q  P  L  S
D  V  N  A  S  P  T  N  S  W  H  U  E  E  V  O  K  R  G
```

WORD LIST

BOP	LIFER
BIRDER	PATCH
BINS	SNAG
CHASE	TWITCHER
CBC	DIP

Beyond your backyard, what are your favorite spots to bird-watch? What makes them special?

_____

_____

_____

_____

_____

_____

_____

_____

_____

_____

_____

_____

_____

_____

_____

_____

_____

_____

BUTTER BUTTS AND BOPS

Talk the talk! Birding has its own language. "Butter butts" are yellow-rumped warblers, and "BOPS" is an acronym for birds of prey. A common gull is a "cull." That plane flying overhead? It's a "gas hawk." (For more birder speak, see the Glossary on page 118.)

Birding Equipment

```
D V C C N Z O U X V R N G F W N N S M O
Q I S N K Q Y N C A M E R A K A O W X M
W A T E R B O T T L E S K O M L T W Y V
K S P O T T I N G S C O P E N N E Q T N
O D R C U A Z X S L L I K S Q K B X T X
G B F V I Q P R O N E U K P O S O F K P
H S U Z T J C W K Q S B X X R K O Y F U
K P E Z D Y C F F P K S F A C N K E U I
K S N V I N L T E S R Q L A G G E Y X G
C E O J C D Y K T D X U P Z F U Z U W Z
U R H H M L M C I N C K G U O X W V C T
O N P Y Z F Q J D O C F A E O S F S R Y
M X N U P T E M N A I C T I Q K U L Z U
G P B Z A Y D I B U K I Y A G O E K A A
O S E B V O B C F P N Q F R P O P F K D
A E O W R M A H W U G B D H V B B B T S
G Q T E K C A J G P O Q F J G R B V M Q
M Z I Q T N T J O O Z W I U O K T J H A
R J S N X C O E N H X I E G O G R L H U
F L H Z M Y Z O P G K V Q T B H H S W N
```

WORD LIST

BINOCULARS	JACKET
BOOKS	SKILLS
SPOTTING SCOPE	BACKPACK
CAMERA	NOTEBOOK
PHONE	WATER BOTTLE

Birding Resources

```
O P Z Y T W L S S S A W G N S N S R Q C
V P R K C B F I E L D G U I D E S K L M
I V B O F P D T Q M X I S E L I B T K J
S A U Z J D U Z I A T O U V K K O Q J M
S J A L U E D C S V X V R Y T R T D S A
X T X X V Z C G R O U P S N Z S O E P V
U B Y O M F N T L N Z G U B C X T Y Y B
H W P O G S V W S I R R R P Q I V T Z R
P Y Z B B E U E C R I F B S S H I V E D
N E I R Y N N A R K G W Y B N N T B X P
R N L G Y I I R S A X M E T U W U D V A
M C C H H Z V W D A R W S M O N W C P X
D P T E I A E E L Z O A M J W Y R P L A
M Q O G P G R Q C J C O H F Y V S U W Y
V B Z M W A S V L D C F I I I A G U K F
K R V M O M I L O P S M H R Z I B R B E
K Z Y K S U T P H Y S W H J Q B D S S G
Q A R G W P I M P U I H O H Y Y C G Z R
K P O N C I E Y I T E C M K V L Z K K I
Z K Y C I U S O R G A N I Z A T I O N S
```

WORD LIST

MAGAZINES	FIELD GUIDES
PODCAST	WEBSITES
COMMUNITY	ORGANIZATIONS
GROUPS	UNIVERSITIES
APPS	PROJECTS

Even a sparrow in snow can teach us something. What have you learned from observing your resident winter birds? Your reflections here could be observations about their behavior, or they could include larger life thoughts.

_____

_____

_____

_____

_____

_____

_____

_____

_____

_____

_____

_____

_____

_____

_____

_____

EVOLUTION OF A PASTIME

In the 1700s and 1800s, scientists killed birds so they could study them closely. Ornithologist Edmund Selous is credited with switching that thinking. One day, when observing European nightjars, he was struck by how perfectly their plumage camouflaged them in their nest. Writing in *The Zoologist, 1898*, he said, "Let anyone who has an eye and a brain (but especially the latter) lay down the gun and take up the glasses for a week, a day, even for an hour, if he is lucky, and he will never wish to change back again."

Birding Skills

```
P W R Z V W H O J N A V I G A T I N G T
Z S P D G E P F P C T A J M I X W Z V T
K Q O B S E R V A T I O N O K A Y V J H
B T P F C M K V S D X F K V J I Y C V L
C X X A K O F R T R A T D P T F T K S P
M Q S T T F N A G D O C D E H K X T R J
G N T F N I J T T X X L B Z Q U C B O X
C O M P A R E H R U O G N P I S H I N G
V O R B Q N G N C A M P O K J S W R Q J
N A X I V Y Z X C R S X F E S D E B Y N
I V W K E C A B K E A T U R X Y H K H I
N A R R O W D O W N D E O K V X Y E H M
U Y F P A K Q L T F V S S X O G S Z U P
W T U Z E X H K M J I H O E F G T L K E
N L F M V T K T P Q T M M Q R T F E W N
N T B M L U V R U E H A V G T L P J Z X
X X P D F W Y D X O C Z U G U Y Z I J X
T R L I S T E N I N G R I G X M K A E W
G P R K X L J M Z T K R X Y V G V A C K
R S I L E N C E L N O E D Q N N N G F I
```

WORD LIST

RESEARCH	SILENCE
OBSERVATION	PATIENCE
NARROW DOWN	LISTENING
COMPARE	NAVIGATING
CONTRAST	PISHING

Kinglets

```
Y W X L M N U T X K I I F L S C M S C J
H Z N G I R V L W G T W D K B V C B F C
L L I P R M Q O C O R H A J A U A D R O
O G R A Y I S H N L E L K D G Y I F P N
E F E E K T W H G D E Z V G M N T O G C
R M Y G U V B Y J E T Z J K C I G K T E
T Q Z G Z Q Y Q L N O I A J X T E U K A
E B Z N A Z U Z H C P R Y Z D B T L B L
C X T N E P I O G R H U Z N P V A P Z E
A M D X N B X P A O A B C V U Y B K V D
F U S V H S Z Q V W B Y D O L I V E R T
D P F C W Y S Y A N I C T N H O T A F P
E I O G Z Z U F M E T R M R U M B K C I
P H A E I K R V D D A O W N U O Z L A T
I E Y D Y G V B G V T W N M L W R R W M
R F F B N N I I R R M N M I Y Y R C K K
T B A E M M V Q W D E E R Y P M J U D G
S Z W L Z A O F F S P D D H T C N H K A
E G A T K Q R U Z S K Z B Q H N I X D Y
T J Q S I W M V G L E J L R L I T X F B
```

WORD LIST

GOLDEN-CROWNED

RUBY-CROWNED

OLIVE

GRAYISH

STRIPED FACE

TREETOP HABITAT

TINY

ROUND

CONCEALED

SURVIVOR

Woodpeckers

```
P I Q M F Q U U G N I B O R P R H D E H
E H R C G N A H M J T E J K B N K Y R H
X F T D E T A E L I P L N L L J E R S B
B Q L P D G M Q J V Z B I K A U Q I R A
K I Y W S T E Y F K J L V L C G T A J I
T B I Q R E D B E L L I E D K D Q H P J
F N N U A S G V I G O Z Y L B R S L Z D
W F S R O J F B U Y Y Y R E A X Y B N C
F F E N F V D R U M M I N G C X E H N L
P O C A R X Y R U K C S Y T K B L A X J
W T T C N A V X N A P W Y C E S K M F T
E Q E L E M K O R H L J P U D X E M B P
C P A E K O A I L N W W K N R V R E E Z
U S T V R X D W G F M Z D M J I P R W P
I L E P N R V E B R G J Q O F L K I U D
F D R F M A C V Z F L S Q H U C J N M D
V Q S T I H Z O L D J H Z B L Y I G Y U
H Q A Y N O R T H E R N F L I C K E R Z
L Z X S G Z W N H N J C X I S J Y P N S
Q A L L C G W N S N U F S Y N W O D H S
```

WORD LIST

DOWNY

HAIRY

PILEATED

RED-BELLIED

BLACK-BACKED

NORTHERN FLICKER

HAMMERING

DRUMMING

PROBING

INSECT EATERS

goldfinch

chaffinch

hawfinch

greenfinch

bullfinch

MISTAKEN IDENTITY

Woodpeckers, hawks, finches, and sparrows—these common birds are also some of the most commonly misidentified because small differences between species are hard to see, so dig into your field guide when you think you've spotted one. Chipping sparrows and American tree sparrows, for example, both have rusty caps and lines near their eyes, but the chipping sparrow has a plain breast, whereas the American tree sparrow has a plain breast with a dark spot in the center.

Identification

```
A  J  B  W  H  Q  A  S  K  X  O  N  K  S  M  R  M  M  N  V
P  W  K  A  B  P  G  R  T  R  Z  B  Q  S  H  X  O  K  E  J
S  D  Z  M  T  D  D  N  Q  J  Y  F  Z  E  M  R  C  D  S  C
U  X  A  F  J  G  A  O  B  Y  R  I  U  N  B  M  M  H  C  J
Q  C  T  Z  M  R  C  I  S  A  A  N  J  T  U  K  F  H  R  R
F  Q  I  E  W  P  Y  T  O  I  E  D  R  I  R  A  P  K  U  E
Y  E  S  Q  S  I  N  A  Q  J  G  Q  O  W  Y  X  P  A  T  C
C  H  W  R  Y  J  T  C  X  A  J  K  B  K  L  W  C  N  I  O
X  V  H  Z  W  W  E  I  Q  D  E  L  I  L  G  Y  N  K  N  G
B  P  J  J  G  R  Z  F  G  W  F  E  Y  J  Z  W  N  X  I  N
N  N  O  Z  S  G  M  I  F  P  T  E  L  C  A  K  J  W  Z  I
E  C  B  T  K  W  F  R  Q  U  L  Y  G  S  P  X  W  S  E  Z
R  F  S  E  J  W  M  E  O  G  J  J  A  B  D  E  G  F  K  E
D  J  E  T  D  P  J  V  N  K  L  P  N  R  U  L  V  X  T  N
D  H  R  A  D  K  L  T  T  Y  B  S  G  U  E  W  X  K  B  Q
X  M  V  C  F  S  I  E  O  G  D  S  Y  A  S  C  D  A  R  V
I  E  E  O  M  U  N  Q  P  L  I  C  J  C  E  A  E  F  I  R
I  T  R  L  X  O  L  Z  S  U  Y  A  J  K  H  K  I  Q  T  C
N  J  F  B  I  K  R  L  C  W  B  R  E  F  E  R  I  D  A  U
G  L  F  S  F  D  H  S  U  C  H  Q  Q  S  O  U  I  U  M  Z
```

WORD LIST

LOCATE	ID
SCRUTINIZE	OBSERVE
FIND	VERIFICATION
REFER	WITNESS
RECOGNIZE	SPOT

Bird Behaviors

```
B G A A Y Y G B C G N I Y L F U L T Z I
V G C F F M P H I J Z L V M R Q A L W I
C L L I Y D H H W K U X X W G C Y W B E
J I C W C C U V Y L U Q B N X C X K A Y
Q O K X L J J I N Y D E I S K Y T B T F
I Q S S V D B U H S X H M P U B N F H E
X S H W Z D H V N S C N V G G N R C I E
P I I X M B A B E E T T N U Q A N R N D
M N Z Z V U O F E Z T I C Y G F N I G I
J G Y I W G U R P U L K D B Q O X R N N
L I T Z G I C X Y A M V T L V J Q J V G
J N U W H S D I E A E C S Q V R P X G Y
N G J S N X N T W N Y N M L O F N N B S
F X M T N Z S E K N J W N I C G U O Y A
W U R O E S P Q V D R D S D L E O J A B
N N L E F O R A G I N G V J F G C Q P L
K M M K M J S D E N T S L E E P I N G A
I I T V F D F H P A S N F F A Z F B D W
K X P U B J W A Y P P T H C X T O B S Z
K N W U G R T N E S T I N G F S B V E H
```

WORD LIST

SINGING	SLEEPING
SCREECHING	STEALING
FEEDING	SUNNING
FORAGING	BATHING
NESTING	FLYING

Birdsong

```
L Q Y P P Y T P K I P E W A R B L E Z C
J F Q J I C R V R S C T A B J G S M H Y
U E N L N T U V V I G W K U L E D P Y P
Z G V B Y B C W N F R Q E T T Z U J P U
H P L E U W G H J K K D O O D A N W N R
A S S K K M L Y A I C X N B F V T P D R
E S S R B L K G S X M T L C G S Q H B I
U L D X U E W W C H R K D B S S C K Z H
Z Z S L G Y V Q Y I Y F Q G I Z D F Q C
I R Z H H S R V L I G E I G N G V C M C
M D N S X C E L V F K Z Q R G O U F D X
R E Z W M X V I K F J W I Y N R M E V B
N W X O H X H Q U P R T J P O M U E J J
R Z Y J T L Y T P Q E X N J Y G C B Z N
V C V M Y M Y E K E A V S A X S E Y F Y
B L K I H T N V W N P K K Y A H G V A X
Z H M A R O B T E E A J N O R S J Y B A
R V H V T O O O Z X T V G K V X B Y O P
Q U X V N H M H C F U O Z S F L F K S P
A X F O Y V M M K R S X R L I C H I R P
```

WORD LIST

CHIRP	PITCH
WARBLE	TWEET
SING	TRILL
TONE	NOTES
RHYTHM	CHIRRUP

Birdcalls

```
Y Y A N K Y A N K Y A N K U E B M M P A
T I C H E E R Y U P C H E E R I O J X T
H O R G K U Y A L H O E E E S P W S X I
N U O Y R O F S K O O C O H W J N F Y P
N S R Z O S K D B F S M V C V N Y Z W A
S R O O N K H T I C O Y T W A Q S M I T
K F G E P E X W R H J V Z Z U O D W P I
W E J F R T E U P F P W R B S V A T G P
M S V Z E X B B L K O N K L A R E E O A
Z V N H X E T K E N M T O Z S W D I O T
L G B O B O R U W E Q Q V X A S J I M I
L H V Q C Z I O U J F L M X H Z S A G P
O H R V X Z M B A P U B B B K O O S C J D
C H I C K A D E E D E E D E E Q W P K Z
V P D D H F R Y W I S N S D T U B G W Y
K U M E W M E W M E W F G P R C H I N A
E T J L Z X Q P S Y D H O B C A Y M Z K
Q Z J C Z S V C K K W R H Q L T R D M G
I Y C Q W H A T W H A T W H A T L N N P
V D H S Z G R E Q A K H V T R M D F B H
```

WORD LIST

CHICK-A-DEE-DEE-DEE

MEW MEW MEW

YANK YANK YANK

WHAT WHAT WHAT

WHO COOKS FOR YOU

CHEERY UP, CHEERIO

KONK-LA-REE

FEEBEE

PITA PITA PITA

EEE-OH-LAY

Birding relies a lot on our sense of sight, but try using one of your other senses. Ear birding—or identifying birds by song—can feel like unlocking a new language. Close your eyes and listen for a few minutes, then write down what you heard, what bird you think made the sounds, and how it made you feel to rely on a different sense to make your observations.

_____

_____

_____

_____

_____

_____

_____

_____

_____

_____

_____

_____

_____

_____

_____

_____

_____

_____

_____

_____

_____

_____

_____

_____

_____

_____

_____

_____

_____

_____

_____

_____

_____

_____

_____

_____

_____

_____

_____

_____

_____

NAME THAT TUNE

The pitch, pattern, and harshness of a bird's
song can all help you identify which bird sings
it. But there's a lot of variation in bird-
song: Some songs have only two notes,
whereas others have more than one
hundred. And some bird species
have almost two thousand different
songs, while others have just one.

Beak

```
D M Z N F K O K A B Y G P H V W X W D Y
N F J M V L R J E Y O K R N T C W M J I
K M E K W L C N P E U K L A T P N T I B
J Q Z W P U I B U V S Z X N X V D J M M
R B A M C T K V I K L T S T R O N G Y J
Q X B O A V U I M L Y S C M A F D Q D T
C W O R J Z N S V Z L T D L Z I I W J V
R Z E S W A J L I W X H T M O C R Q F P
L K E C O C Y L O E H F E N G Z W W
H A C E H T O H P M A H R O I K G P T T
S D I Q X Y D O P R Z C M D Z G I B Z M
D X Y W X M J Z N Z D H I R T F E R N G
T U S A B E D E H L D A J A S N U Q K H
C L M M D J P O C R A J O Q B H K N M M
D F C J R O B E O R Z W S U R V Z S O E
F T K Y D M P O I N T E D J P D N U I J
W F V A Z G Q D J H L P P E C C T Z G W
Q U P V Z A B F Q H D D H M V H V L Y J
C X U Z F E Z A R U P Z F O U O Q H F F
I O D J M Z V X B H Z Z Q W I V C B F Q
```

WORD LIST

MOUTH	BILL
MAW	JAWS
KERATIN	LONG
RHAMPHOTHECA	POINTED
OPEN	STRONG

Peck

```
E S S M T B M Z T C P G T H X L C B H I
Y M Q J D D T A S T E P R O O C R Z S D
R Y L G T E G V I X C T B S X L C O H A
W J H A A T L O Q O Q E P O K E J T J S
T S N J P O L F N S F V R E I I T Z F E
D I N N A M J S N I B B L E C F C T K Q
I X R F P P S N O L A M R G F R H A V B
N G K S H K G A E P C O I X U L E Q E S
N Y Z R C W V C P J T D Y L J A U I T C
B S Z I L B Z K B H F E C R P P M Z P H
P I P M X J R A Q B M P D V W J R B Z
B A A U R A J Z F C A S T A S H S E N V
S C Y D V K Q G D C J T P D K A T H Q B
K O D K I J J J H G T O S X B D R N A Y
E C F Y W O M R X X Y A W Z R A I Z U L
L P U N C T U R E N Y I N Z U J K T Q F
R Z C S V O I W H F W A F Y X X E H P J
N B S O O U T B T Z L Z P J D K J B Y R
Y F J I F M F J A Q Q K Z X L I M A Y P
E K N V Z O I R N I T R Y E J Y S S S X
```

WORD LIST

STRIKE

PIERCE

TASTE

STAB

NIBBLE

SNACK

PICK

PUNCTURE

JAB

POKE

Thaw

```
H B M T E I K O Y R L Y J W M P K T F U
S U G U I J S H B E L H G M J S O O Z A
Y D T O V G V X W Z V I L C E K T M G F
C B Z R N M P L L M A G Q I Y L P N M J
I I S P V N G R Z W V E Q U Q B T P I J
S Q U S M B O R I J W R M E E N X G R F
D T N L J R T U L O A X U O E F O E O F
V F S I Q C B Z C Q A J W T D R Y T D D
S D H P A X U B V N L D F I M H Y D F Q
R A I O X Z I T K D N O S I H D L H T Q
I N N W H E U A R Z S S D J C M Q O S R
J E E B R E E Z E U O N I V Q M Q K V A
J C R K J B R Q B L F J S Y A K Q Y S T
Y J A Q W O F V V R A I A A L H A W J X
Q C Q I A S O E X Z A S P O M W M A T E
S F Z Q R J L I Y R V X P X P J P F C H
I N N U M M T G N Q T H E T X Z Z I E E
K I U W U H I C G H H N A B O J A H Q W
U Y T Q P X D G Q G G O R F U N A C F Z
W Q W H V B F I L S I L C O Q K D I Z S
```

WORD LIST

MELT

DISSOLVE

SOFTEN

LIQUEFY

DISAPPEAR

WARM UP

BREEZE

SPROUT

BUD

SUNSHINE

How does spring begin in your region? What do you first notice as you watch the world around you transform?

_____

_____

_____

_____

_____

_____

_____

_____

_____

_____

_____

_____

_____

_____

_____

_____

_____

_____

_____

_____

CALLING ALL SNOWBIRDS

Dark-eyed juncos earned the nickname "snowbird" because they seem to bring cold weather with their arrival. Lure these ground-feeding snowbirds to your yard by filling a ground tray feeder with black oil sunflower seeds or millet.

Juncos

```
G C Z Q P L D P I C H M H S B E K Y Z Q
B R V W H I T E T A I L F E A T H E R S
I C J K P S G U R B T B Y N C Z R X D L
X O L L R O L Y O O O U I Z Q C C G A V
B V I L S F W L J D O A B W I H U P S C
C V X B I L H X A W T E B I H A F A R G
H R V Z B B M I E C V I F T P A W V E U
E F Z F I V K B N I G O K E Q S D N G T
M O P I U Y Z N C C J N R T L N V X A H
K R B G F X Q M I L H S I T P O F Z R W
H E F Z X J X D K P P S H K Y W J S O I
I S M A B T S L T P I Z H B C B C Q F D
F T K K K D E Y E K R A D M X I J T D E
G B F P M V F Y X A U B M F H R T R N S
U I M W E F E B A P T A L X X D M I U P
G R V O A B R P F R R L F L W S R L O R
S D A W A F P V H U G J J E A K O L R E
U S K B N V E W I V F R Y S F K Q I G A
A A R S N V M W S U G F D T I Q G N S D
C T C W B G U C Y T E R U D U X D G E Z
```

WORD LIST

DARK-EYED

SNOWBIRDS

TICKING CALLS

PINK BILL

WHITE TAIL FEATHERS

GROUND FORAGERS

FOREST BIRDS

GRAY

WIDESPREAD

TRILLING

Conservation

```
N H A A C P R O T E C T I O N V J U E K
M X Y S G R Z I D Q M F P V U Q P G X C
W E Q J W U E Q O K X T Q S I Q R O K H
Q E P H P L P R H I K H X A Z M E Q Q E
O P V C T Z G I L Q B E W F P A S Y D I
S R V O V K N E I E N W O E V I E F S I
H U I N L C E P P E Z E U G H N R R C U
M W D S C B A R P M Z N T U X T V O A R
D H V E U I Z V I K T J I A P A A A R O
P N V R T I Y D V Q E R X R Y I T O E C
B G C V N O W A V K P D T D Y N I P G Q
E D D A E F A Z C K W A P I N H O R M T
Y I D N M V O X J Z K W L N U Y N D I R
P H M C E V C Q P K I M X G Y F Q E U I
E P V Y G M Q S D L D V H C R I Q F P N
Z Z S R A T I U O S S U S T A I N E B E
S T R N N C T W U D J S F N K W R N X V
A P O J A G F M F V O B X P J H V S F A
C L P I M I W Z Z K C X D Y G C H E K S
E E V E K N D Z Z C T K R Z N M L S W R
```

WORD LIST

PROTECTION

PRESERVATION

MANAGEMENT

CARE

CONSERVANCY

SAVE

SUSTAIN

MAINTAIN

SAFEGUARDING

DEFENSE

Citizen Science

```
D S G F N F U E G D C C Q P Y V G G Q D
I F U L D P G L L T I Q X U N G Z X H O
L V Y L M G Q Y V M L J D Y S M V M F B
B W M R Y F I P X I B E S T R J O Z L V
A L O E P D B L N N U G Z Q V B A J Z U
X W N S U Z R X W D P N Z S O M B C W T
Y P X E E P S H P I K I K R L X A V S I
T C V A Y N K R K V F S W R U A B Q E B
F T X R F E O X Z I M E A A N X D L E B
E R T C Y T T A W D Q P O R T O E S W P
C S O H O I H K U U A C C E E A D P R K
W Z I C V J N T S A P D C T E Y A E B K
K G O X Z M P L L L E O P E R F M R F H
K L I D L N O D A S L H E J H S A F J H
S Q X X V O R T W V W K O X P P T V T V
P O G D T U S K V Z J H P V X W E A F J
W B S N D B U Z M E F C P N N K U Z K K
X A D P A R T I C I P A T I O N R A L X
A I Q O T N E J I P K R X U C X D G U P
N W O R K I N G T O G E T H E R N T F X
```

WORD LIST

AMATEUR

PUBLIC

RESEARCH

INDIVIDUALS

PARTICIPATION

VOLUNTEER

WORKING TOGETHER

PROTOCOLS

TOOLS

DIY

Birding Benefits

```
Y O Z B O K A U O O E L E T I X X T G W
N Y Z T B X P I G D G M X G N A H F M P
A D N J U F P E I R V R R Y Y Q G O U E
F A D X X B R S D S G Z Z R B S Z U H R
U O U K T O T E R I C F E E D V U C B E
Z J C M N U J B S O M O Z V Q M F G L C
K A G U O P O S N H I V L O Y W N V U R
X K I T S A J N D N A E S C Q K D X U E
U F E Q V U E B S G X I Q S U O G D J A
K G R X W C V P O P U T R I Y R I Y P T
W L K I T Z I A L P P U I D J Y E B P I
F D Y I E R L O R W I X L Q J S D I K O
C F O M A N R H K F J I C A E D S B N N
I N U T N A D A T C G L Q N S X Z W L D
W P I K T Y Q S M W G Z K I Y U F X W A
I O Q I V I R V H W X B P M L G S H C H
N P O K H M Y K D I A D S K U I G Z A S
I N L W O W K Q P E P L M N D C C L A K
G N N T O X Q W C B E N G A G I N G J S
T U Z W I Z T O X B H O O Q U K A N U P
```

WORD LIST

CONNECTION

FRIENDSHIP

GET OUTSIDE

FRESH AIR

ENGAGING

INSPIRATION

EXPLORATION

DISCOVERY

RECREATION

FOCUS

Returning North

```
X Y Z P U D R J Z M T A N I A J O E K U
M N Q H V Z W K N L X Q Q B L Z X B K Q
K E K W V A O L X D M R T S R K K R J F
R J T I S A N N S P Z B I E N N R S P A
W J B A V F H N E D D D M T U O J O G E
Z M R I R I J L G S R S I W C D I L Q B
R D E C W E D E V P G H N U M V J G B W
Z V E G B Y P M I P N P G B J C F Y E Y
W Z D H C I S M A S I M R R Y C J L V R
K J I V O F S L E L R B O I V S L X P R
L X N V N X E P T T P I N W B S N U R T
I X G B D M A Z W W S S V G G I L Z G L
N M Y K I N Q C H E T W P D P J F M G O
K S C C T C A R Y I A E M P G T T I L U
M W O K I R O S N I Q T W S B K X G T N
H L B A O Q M C K I S P H R Z R T R Z L
V T L A N H T H Q S V H A E B D C A V L
T N G F S H T S Y O N G H J R W Y N E J
P S E K N P B M R D F G Z R Y B X T J E
U T U E V E Q I H T U C H Y A E F U N X
```

WORD LIST

INSTINCT	ZONES
TIMING	REGIONS
WEATHER	SPRING
CONDITIONS	MIGRANT
TEMPERATE	BREEDING

As spring arrives and migratory birds return, what birds do you most look forward to seeing again?

_____

_____

_____

_____

_____

_____

_____

_____

_____

_____

_____

_____

_____

_____

_____

_____

_____

SIGNS OF SPRING

Ready for warmer weather? So are the birds. Watch for the arrival of phoebes and red-winged blackbirds and the departure of dark-eyed juncos, molting goldfinches, and robins with wriggling worms in their beaks. All are telltale signs of spring's arrival. Support migrating birds passing through your yard by putting out quick-energy foods like nectar for orioles, sliced oranges for tanagers, or cut grapes for thrushes.

Answer Keys

'Tis the Season (p. 6)

Snow Day (p. 7)

Wintery Mix (p. 8)

Flying South (p. 9)

Stopover Sites (p. 10)

Stay (p. 12)

Home (p. 13)

Sparrows (p. 16)

Cardinals (p. 17)

Birds Braving Winter (p. 19)

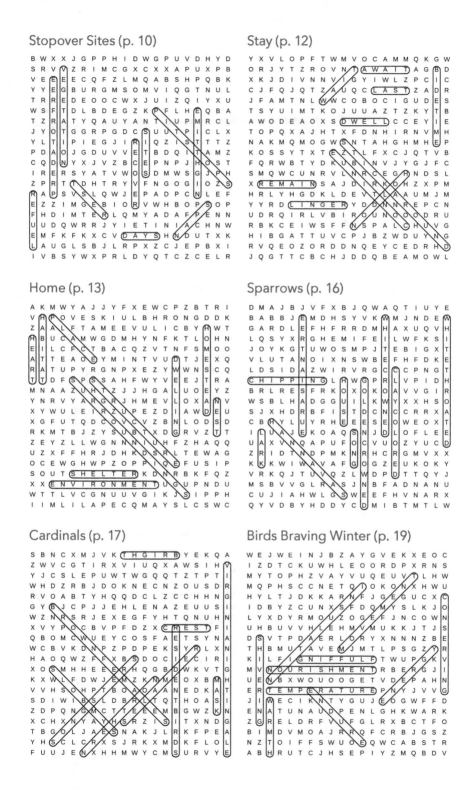

Survival (p. 20)

Roosting (p. 21)

Nests (p. 23)

Feathers (p. 26)

Down (p. 27)

Winter Finches (p. 28)

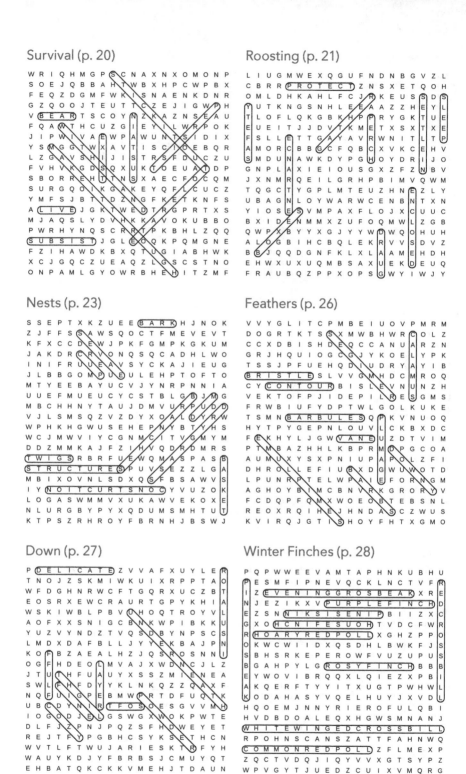

Chickadees (p. 30)

Finding Food (p. 31)

Bird Feasts (p. 35)

Crossbills (p. 36)

Crows and Ravens (p. 37)

Winter Wonderland (p. 38)

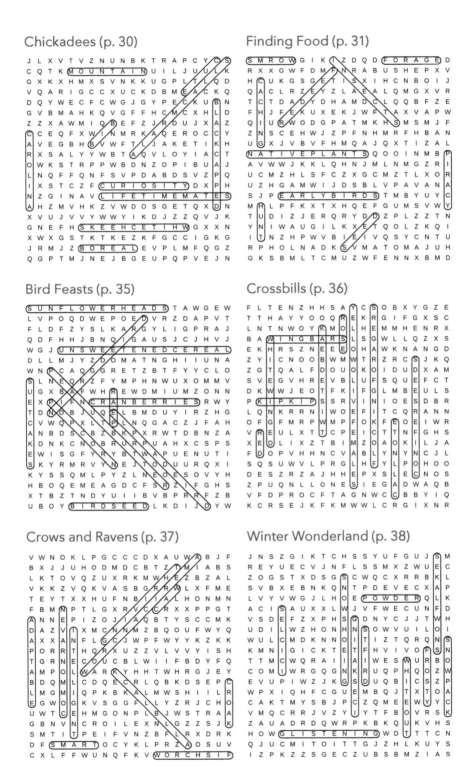

Outdoors (p. 40)

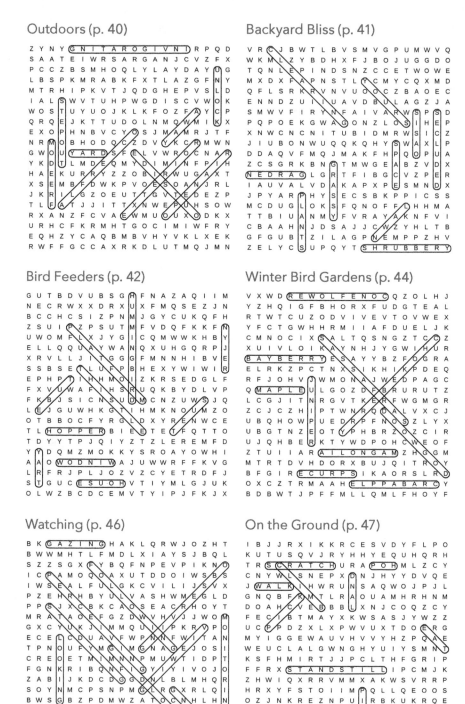

Backyard Bliss (p. 41)

Bird Feeders (p. 42)

Winter Bird Gardens (p. 44)

Watching (p. 46)

On the Ground (p. 47)

ANSWER KEYS

On the Wing (p. 50)

In the Sky (p. 51)

Festive Flocks (p. 53)

Nature (p. 54)

Woods (p. 55)

Quail (p. 57)

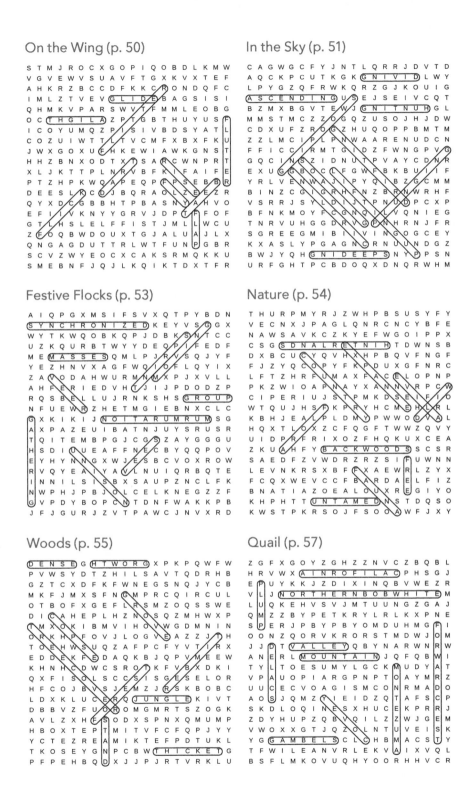

Grouse (p. 58)

Christmas Trees (p. 59)

Christmas Birds (p. 60)

Holiday Habitats (p. 61)

Winter Waterfowl (p. 64)

Owls (p. 65)

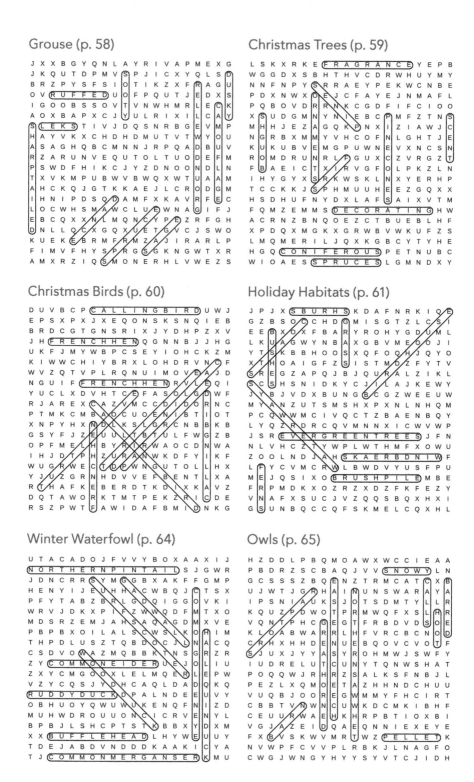

Winter Seabirds (p. 66)

Winter Raptors (p. 68)

Mourning Doves (p. 69)

Nuthatches (p. 70)

Birding in Winter (p. 72)

Counting Birds (p. 73)

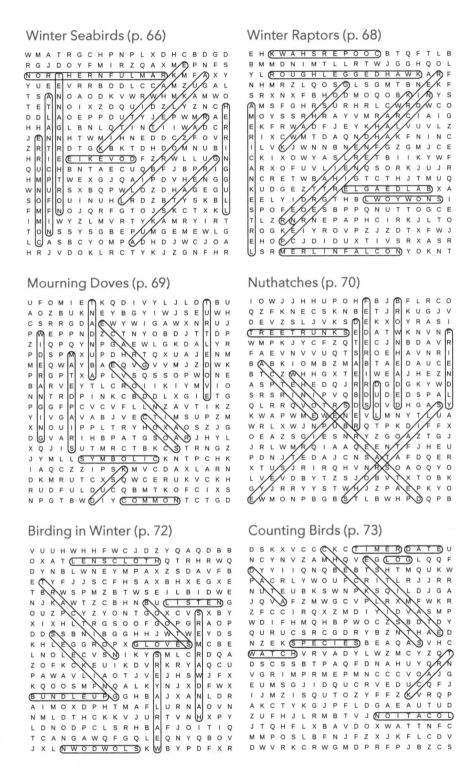

Robins (p. 76)

Waxwings (p. 77)

Birding Slang (p. 78)

Birding Equipment (p. 80)

Birding Resources (p. 81)

Birding Skills (p. 84)

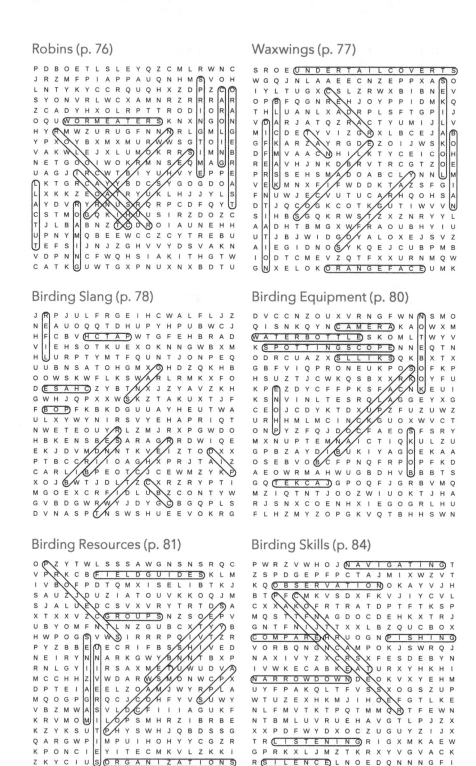

Kinglets (p. 85)

Woodpeckers (p. 86)

Identification (p. 88)

Bird Behaviors (p. 89)

Birdsong (p. 90)

Birdcalls (p. 91)

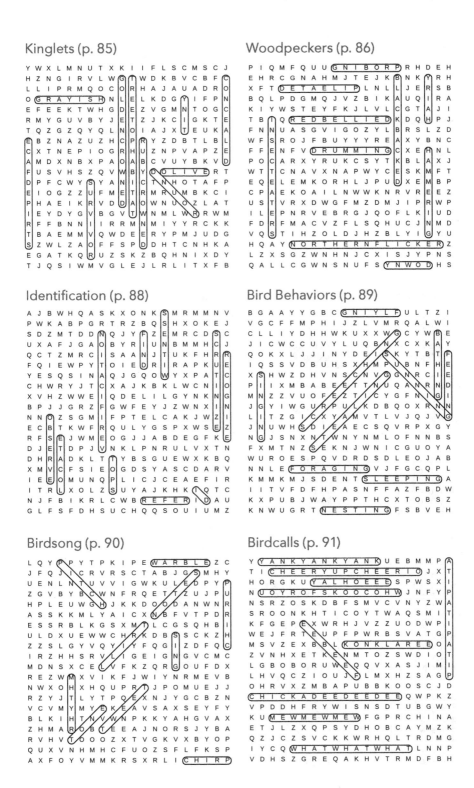

Beak (p. 94)

Peck (p. 95)

Thaw (p. 96)

Juncos (p. 98)

Conservation (p. 99)

Citizen Science (p. 100)

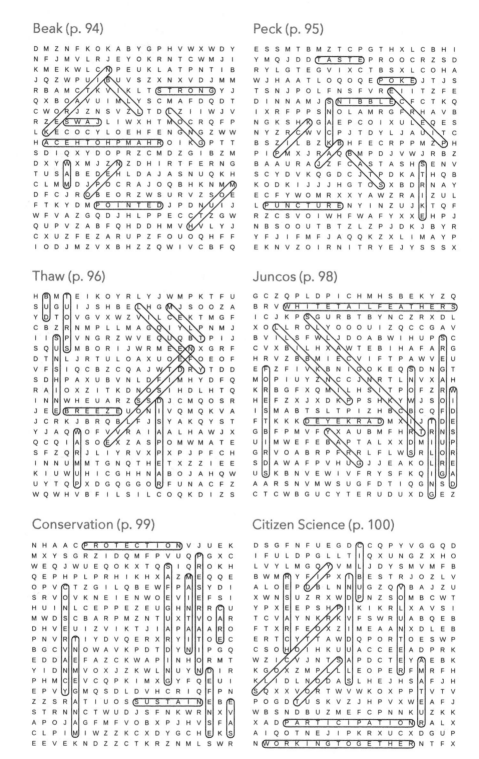

Birding Benefits (p. 101)   Returning North (p. 102)

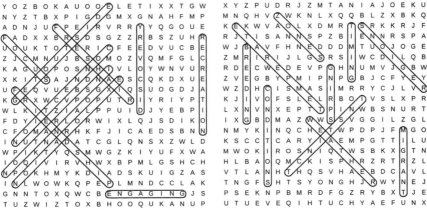

Resources

FIELD GUIDES

National Geographic's *Field Guide to the Birds of North America*

The Sibley Guide to Birds

Golden Field Guides' *Birds of North America*

Look for regional guides for even more specificity for your location, as well as foldable pocket guides for easy transportation.

FREE APPS

eBird
https://ebird.org/home
A free birding app from the Cornell Lab of Ornithology that lets you track, save, and share birding data with the tap of a screen.

Merlin Bird ID
https://merlin.allaboutbirds.org
Another free birding app that helps you identify birds in the field.

Audubon Bird Guide

https://www.audubon.org/app

Part field guide and part ID listing app, this bird guide even provides bird recordings for reference.

CITIZEN SCIENCE PROJECTS

Celebrate Urban Birds

https://celebrateurbanbirds.org

You don't need to go deep into the woods to enjoy birding!

NestWatch

https://nestwatch.org

Learn about nests and how to identify them, all while tracking data.

Project FeederWatch

https://feederwatch.org

Record data about winter visitors to your backyard feeder.

Great Backyard Bird Count

https://www.birdcount.org

Help collect wintertime data by logging your backyard observations each February.

Christmas Bird Count

https://www.audubon.org/conservation/join-christmas-bird-count

Celebrate the holidays by counting birds and contributing to this annual tradition that's more than one hundred years old!

BIRD IDENTIFICATION PARTS

auriculars: Feathers near the ear opening.

back: The area between the nape, base of the wings, and rump.

belly: Below the breast.

cere: Structure at the base of the bill.

chin: The space below the bill to where the throat starts.

crest: Longer feathers atop the heads of some birds. Crests can often be raised and lowered.

crissum: Feathers behind the legs.

crown: The area behind the forehead.

eye-ring: A circle of color around the eyes.

flank: Side of the body from the breast to the wing base.

gape: Where the bill attaches to the face.

hallux: Backward-facing hind toe.

nail: The end of the bill.

primary feathers: Outer wing feathers.

remiges: Flight feathers.

throat: The space from the neck to the chin.

wing bars: Tips of the upper wings that look like bars when the wings are folded.

GLOSSARY OF BIRDING SLANG AND TERMS

bins: Binoculars.

birder: Someone who enjoys bird watching and can easily identify most birds. Not quite a twitcher.

BOP: Bird of prey.

CBC: Christmas Bird Count.

chase: To travel somewhere that a rare bird has been sighted just to see the bird.

dip: To miss out on a very special bird sighting.

endemic: Only in a limited area.

LBJs: Little brown jobs, or brown songbirds that are hard to identify.

lifer: A first-time sighting.

patch: A great area for bird watching or a spot visited often by bird watchers.

pelagic: Open-ocean birds.

pish: A sound birders make to lure songbirds.

residents: Birds that spend the whole year in their breeding ground.

snag: A still-standing dead tree.

spark bird: The bird that made you love birding.

twitcher: A birder who is obsessive about new finds and rare sightings. Often keeps many lists.

vagrant: A bird that shows up far outside of its usual habitat.

 # Bird Tracking Chart

DATE	TIME	LOCATION	SPECIES	NUMBER

Bird Tracking Chart

DATE	TIME	LOCATION	SPECIES	NUMBER

Bird Tracking Chart

DATE	TIME	LOCATION	SPECIES	NUMBER

RESOURCES

Bird Tracking Chart

DATE	TIME	LOCATION	SPECIES	NUMBER

Bird Tracking Chart

DATE	TIME	LOCATION	SPECIES	NUMBER

Printed in the USA
CPSIA information can be obtained
at www.ICGtesting.com
JSHW011113181123
52322JS00002B/2